100 recettes tradition

100 recettes tradition

Recettes de Camille Le Foll
Photographies de David Japy

MARABOUT

Stylisme : Delphine de Montalier.
Mise en pages : Les PAOistes.
Correction : Véronique Dussidour.
Suivi éditorial : Natacha Kotchetkova.

Pour Marabout, le principe est d'utiliser des papiers composés de fibres naturelles, renouvelables, recyclables et fabriquées à partir de bois issus de forêts qui adoptent un système d'aménagement durable.
En outre, Marabout attend de ses fournisseurs de papier qu'ils s'inscrivent dans une démarche de certification environnementale reconnue.

Édité par Hachette Livre,
43, quai de Grenelle, 75905 Paris Cedex 15
Achevé d'imprimer en octobre 2014
sur les presses de Pollina, France - L70057
ISBN : 978-2-501-10047-2
24.3339.5/01
Dépôt légal : janvier 2015

sommaire

introduction

Les bouillons de base

Les recettes de bouillon qui suivent ont une saveur sensiblement différente et doivent donc être choisies au mieux pour l'usage que l'on veut en faire.

On réservera les bouillons de volaille aux soupes et veloutés, les bouillons de légumes aux soupes enrichies en céréales (vermicelles, flocons d'avoine, nouilles chinoises) – bien que le bouillon de volaille puisse convenir également –, enfin le bouillon de bœuf à certaines préparations régionales et au risotto.

Quoi qu'il en soit, si vous avez un reste de bouillon (pot-au-feu, blanquette, poule au pot) ou des os (épaule d'agneau désossée, carcasse de n'importe quelle volaille), n'hésitez pas à en faire un bouillon et à le congeler. Il sera toujours meilleur qu'une tablette instantanée !

Bouillon de volaille (à faire la veille)

Pour 1,5 litre environ

Portez à ébullition 2 litres d'eau salée.

Mettez dans une cocotte 1 carcasse de poulet cru et des abattis (pattes, cou) – vous pouvez aussi utiliser une carcasse de poulet cuit récupérée d'un poulet rôti –, 1 carotte, 1 oignon, 1 bouquet garni (voir plus bas).

Laissez cuire 1 heure s'il s'agit d'une carcasse déjà cuite, 1 h 30 à 2 heures s'il s'agit d'abattis.

Retirez le bouquet garni et laissez refroidir le bouillon. Réservez-le au frais pendant une nuit.

Dégraissez-le en récupérant la surface figée à l'aide d'un papier absorbant. Vous obtiendrez ainsi un bouillon savoureux et plus digeste.

Bouquet garni

Emballez 1 feuille de laurier, 1 brin de thym, du persil et quelques feuilles de céleri dans la partie verte d'une feuille de poireau. Nouez le bouquet avec de la ficelle.

Bouillon de légumes

Pour 1,5 litre environ

Portez à ébullition 2 litres d'eau, puis jetez-y 1 branche de céleri – ou un bon morceau de céleri-rave –, 2 carottes, 2 poireaux, 1 ou 2 oignons piqués d'un clou de girofle, 1 gousse d'ail (facultatif), 2 ou 3 tomates et, d'une manière générale, tous les légumes que vous avez sous la main. Ajoutez un bouquet garni et laissez bouillonner 50 minutes. Salez et poivrez si vous le souhaitez.

Filtrez ensuite le bouillon qui n'a pas besoin d'être dégraissé et qui peut être utilisé aussitôt.

Bouillon de bœuf express

Pour 1,5 litre environ

Mettez 1 queue de bœuf dans une marmite et mouillez avec 2 litres d'eau froide.

Portez à ébullition, écumez et ajoutez 1 carotte, 1 branche de céleri, 1 poireau et 1 bouquet garni. Salez et poivrez.

Au bout de 1 heure de cuisson, laissez refroidir. Ajoutez alors 200 g de steak haché maigre dans le bouillon froid, et portez à ébullition. Filtrez aussitôt. Ce bouillon ne nécessite pas d'être dégraissé.

Les salades

Achetez de préférence des salades de saison. N'épluchez les salades qu'au fur et à mesure, à moins d'être sûr de les consommer dans les 24 heures. Une fois épluchées, elles peuvent attendre dans une boîte ou un sachet plastique hermétiquement fermé, ou directement dans le panier à salade, au réfrigérateur. Une salade un peu défraîchie reprend toute sa vigueur dans un bain glacé vinaigré qui a, en outre, l'avantage de tuer les éventuels parasites. Après l'avoir essorée, maintenez-la quelques heures au frais jusqu'au moment de s'en servir.

Conservation

• Toutes les salades ne réclament pas le même nombre de bains ; ainsi, la mâche doit être rincée dans plusieurs eaux afin d'en éliminer tout le sable, alors que la roquette ou le pourpier ne nécessitent qu'un bref rinçage.

• Les herbes doivent être entreposées, sitôt rincées et épongées, dans une boîte en plastique, séparées les unes des autres par du papier absorbant renouvelé tous les 2 jours.

Le basilic ne supporte pas le froid ; achetez-le en bouquet avec ses petites racines, il tiendra plusieurs mois dans un verre d'eau. N'hésitez pas à mélanger les salades entre elles.

Petits trucs

• N'essorez pas trop la salade. Elle nécessitera moins d'assaisonnement et sera plus légère.

• De même, les salades de pommes de terre absorberont moins d'huile si vous versez sur les tranches de pomme de terre encore chaudes un verre de vin blanc.

L'assaisonnement

• Pensez à varier vos assaisonnements en ayant

toujours sous la main un vinaigre de vin vieux, du vinaigre de jerez et du citron, de l'huile d'olive bien sûr – une douce et une fruitée –, de l'huile de noix ou de noisette et une huile neutre (pépins de raisin, par exemple) pour la mayonnaise.

• Vous pouvez utiliser du gros sel mais, dans ce cas, ajoutez-le au dernier moment.

• N'oubliez pas que les yaourts veloutés font d'excellentes sauces ou se révèlent précieux pour alléger ou « détendre » une mayonnaise.

• Assaisonnez les salades au dernier moment afin d'éviter que les feuilles ne cuisent au contact de la vinaigrette.

Vinaigrette de base

1 mesure (par exemple 1 c. à s.) de **vinaigre**

4 mesures d'**huile**

sel, **poivre**

Dissolvez le sel dans le vinaigre, ajoutez le poivre puis, en mince filet, l'huile choisie.

Cette vinaigrette peut être confectionnée avec du jus de citron à la place du vinaigre.

Vinaigrette à la moutarde

1 mesure de **vinaigre**

½ mesure de **moutarde** (toutes les moutardes conviennent)

4 mesures d'**huile**

sel, **poivre**

Après dissolution du sel dans le vinaigre, délayez la moutarde, poivrez et ajoutez l'huile en mince filet.

Cette vinaigrette peut être confectionnée avec du jus de citron à la place du vinaigre.

Sauce à la crème ou au yaourt

20 cl de **crème**, **épaisse** ou **fleurette**, ou de **yaourt**, ou un mélange des deux

quelques gouttes de **jus de citron**

épices

fines herbes

sel, **poivre**

Ciselez les herbes choisies pour la recette et mélangez tous les ingrédients.

Mayonnaise

Versez 2 jaunes d'œufs dans un saladier et assaisonnez. Ajoutez 30 cl d'huile, au début goutte à goutte, et remuez jusqu'à émulsion. Lorsque le mélange s'épaissit, ajoutez l'huile en filet régulier. Juste avant la fin, ajoutez 1 à 2 c. à s. de vinaigre ou de citron. Si la mayonnaise tourne, ajoutez 1 c. à s. d'eau chaude. La mayonnaise maison se conserve 2 jours.

Les terrines maison

Certaines terrines en gelée ne contiennent pas assez, voire pas du tout, d'ingrédients susceptibles de fournir la gelée nécessaire à un bel aspect et à un parfait démoulage. Il est possible d'y remédier soit en ajoutant des feuilles de gélatine industrielle prêtes à l'emploi, soit en confectionnant un bouillon. Il est évident que le mal que l'on se sera donné ne sera pas perdu d'un point de vue gastronomique.

Conserver une terrine

• Une terrine de viande se prépare à l'avance et est bien meilleure après 3 ou 4 jours passés dans le réfrigérateur.

Ce n'est pas le cas des terrines de légumes et de fruits qui doivent être consommées plus rapidement.

• Les terrines se congèlent très facilement.

Barder une terrine

Découpez dans la barde une première bande de la hauteur de la terrine et tapissez-en les parois, puis une seconde bande qui se logera au fond de la terrine.

Démouler facilement une terrine

Tapissez la terrine de papier d'aluminium ou beurrez bien les parois de la terrine.

Une fois cuite, vous démoulerez plus facilement une terrine si vous la passez quelques secondes sous l'eau chaude avant de la retourner sur le plat de présentation.

Bouillon

Pour 1,5 litre environ

Portez à ébullition 2 litres d'eau, puis jetez-y 1 pied de veau, beaucoup d'os de veau et de couenne de porc. Ajoutez 1 oignon, 1 bouquet garni et 1 ou 2 carottes. Le bouillon doit cuire 2 heures environ. Salez et poivrez si vous le souhaitez.

Dégraissez le bouillon le lendemain avant de le liquéfier et de monter la terrine.

Comment utiliser la gélatine ?

On la trouve dans le commerce en feuilles ; 1 feuille de 2 g convient pour 10 cl de liquide.

Le secret de la gélatine est de bien savoir la doser. En excès, elle rend le plat caoutchouteux et lui donnera un arrière-goût assez caractéristique ; en quantité insuffisante, elle ne remplira pas sa fonction.

Il est nécessaire de la faire gonfler au préalable 10 minutes environ dans de l'eau froide avant dissolution dans le liquide chaud. La gélatine atteint son degré de prise maximal 24 heures après confection du mets. Attention, une gélatine un peu ancienne peut perdre de ses capacités.

Que servir avec une terrine ?

• Pensez à servir des condiments au vinaigre un peu insolites : minipâtissons, griottes, petites poires, chou-fleur épicé, mais aussi chutneys et autres marmelades aigres-douces.

• Enfin, des pains soigneusement choisis (pain de campagne, pain grillé, brioche grillée…) feront d'un simple pâté une entrée de choix.

Réussir les tartes

Afin que le fond des tartes et des tourtes soit bien croustillant, inutile de le faire précuire – la précuisson a une fâcheuse tendance à faire rétracter le fond avant de verser la garniture. Il suffit de positionner le moule au plus bas dans le four, c'est-à-dire de glisser la grille au rang inférieur. Si le dessus n'est pas assez doré en fin de cuisson, haussez non seulement la température de 30 à 50 °C mais aussi la grille. Si, cependant, vous craignez une garniture trop « détrempante », saupoudrez le fond d'un peu de semoule fine.

D'une manière générale, il est toujours préférable de confectionner la pâte brisée et la pâte sablée à la main et non au moyen d'un robot qui a tendance à les rendre élastiques. Le meilleur moyen est d'amalgamer d'un geste souple et léger, sans les malaxer, les différents ingrédients. Sortez la pâte 20 minutes à l'avance avant de l'étaler au rouleau. Garnissez-en le moule à tarte beurré et remettez-le au froid : il peut rester ainsi 24 heures et la pâte ne se rétractera pas à la cuisson.

Pâte brisée

Pour 1 fond de tarte de 25 cm de diamètre (300 g)

200 g de **farine**

120 g de **beurre**

un peu d'**eau glacée**

sel

Mélangez la farine, le sel et le beurre bien froid jusqu'à l'obtention d'une semoule grossière. Ajoutez très peu d'eau glacée (environ ¼ de verre d'eau) afin de pouvoir réunir la pâte en boule. Laissez reposer au moins 1 heure au frais.

Pâte sablée

Pour 1 fond de tarte de 25 cm de diamètre (300 g)

150 g de **farine**

100 g de **beurre**

50 g de **sucre glace**

1 **jaune d'œuf**

1 pincée de **sel**

Mélangez la farine, le sel et le beurre bien froid jusqu'à l'obtention d'une semoule grossière. Ajoutez le jaune d'œuf et le sucre glace sans trop malaxer la préparation. Laissez-la reposer pendant au moins 1 heure au réfrigérateur.

Pâte feuilletée

Pour 450 g de pâte (2 tartes)

250 g de **farine**

200 g de **beurre bien froid** + 1 c. à s. de **beurre fondu**

10 cl d'**eau**

1 c. à c. de **vinaigre d'alcool blanc**

1 c. à c. de **sel**

À l'aide d'un robot ou à la main, mélangez tous les ingrédients sauf le beurre froid. Lorsque la pâte est bien homogène et élastique, réunissez-la en boule et incisez-la en croix superficiellement avec un couteau.

Enfermez la pâte dans un sac de congélation, par exemple, et laissez 3 heures au réfrigérateur. Farinez le plan de travail et étendez chaque quartier de la croix de manière à donner à la pâte une forme d'étoile à 4 branches. Répartissez au centre le beurre auquel vous aurez donné quelques coups avec le rouleau à pâtisserie afin de l'assouplir. Ramenez les 4 branches de l'étoile au centre sur le beurre ;

vous obtenez un carré. Placez 30 minutes au réfrigérateur afin que les 2 substances soient à la même température.

Refarinez le plan de travail et abaissez au rouleau, devant vous, la pâte le plus régulièrement possible afin de lui donner les dimensions d'un rectangle. Repliez ce rectangle en trois, comme une lettre. Faites-le pivoter d'un quart de tour et abaissez à nouveau ce rectangle au rouleau, en veillant à ce qu'il ait les mêmes dimensions que le précédent. Repliez-le à nouveau en trois. Enveloppez la pâte dans son sac plastique et placez-la 30 minutes au réfrigérateur. Répétez ces opérations 2 fois avec un repos de 30 minutes entre chaque étape. La pâte est prête à être utilisée.

Pâte à pizza/pain

Pour 250 g de pâte

225 g de **farine**

10 g de **levure de boulanger**

15 cl d'**eau**

2 c. à s. d'**huile d'olive**

1 c. à c. de **sel**

Faites gonfler la levure dans l'eau tiède 10 minutes. Dans une terrine, mélangez la farine et le sel. Incorporez au fouet la levure délayée dans l'eau. Lorsque la préparation devient élastique, ajoutez l'huile. Continuez à pétrir 5 minutes jusqu'à ce que la pâte soit lisse et se détache de la paroi du bol. Laissez reposer au moins 1 heure dans un endroit tempéré. Rompez la pâte qui peut attendre plusieurs heures au frais. Sortez-la 45 minutes avant son utilisation.

Sauce béchamel

Pour 75 cl environ

Faites fondre 50 g de beurre dans une petite casserole. Ajoutez 50 g de farine et mélangez. Laissez bouillonner à feu moyen quelques minutes puis versez 60 cl de lait d'un coup. Fouettez vigoureusement puis laissez épaissir sans cesser de mélanger pendant 5 à 7 minutes. Assaisonnez en sel, poivre et noix muscade.

En enrichissant la béchamel avec de la crème fraîche ou du fromage râpé, on obtient la sauce Mornay.

Choisir les viandes

Parmi toutes les viandes que l'on peut cuisiner, on distingue deux sortes de morceaux : les morceaux dits « nobles » parce que plus tendres, et les morceaux de second choix qui nécessitent un traitement particulier.

Le bœuf

Achat

• Une viande de bœuf de bonne qualité se reconnaît à sa couleur qui doit être d'un rouge profond, à l'épaisse couche de graisse qui la recouvre et aux fines veinules de gras qui la parcourent.

• On peut classer les morceaux en plusieurs catégories (à rôtir, à griller, à braiser, à mijoter, à bouillir) et en deux qualités : le premier et le second choix.

Mode et temps de cuisson

• Avec les morceaux nobles, réunis sous le terme d'« aloyau », bornez-vous aux trois premiers modes de cuisson : le rôtissage, le braisage et la grillade.

L'aloyau se découpe en quatre parties : le filet, le faux-filet, le rumsteck et les côtes couvertes, lesquels fournissent, hormis les fameuses côtes de bœuf, les rôtis, les pièces à griller ou à poêler.

• Temps de cuisson

– pour un rôti au four : 15 minutes/kg ;

– pour une pièce de bœuf à la poêle ou sur le gril : entre 2 et 4 minutes de chaque côté selon l'épaisseur ; laissez reposer 5 minutes, couvert, hors du feu. Cette indication est valable également pour un rôti. Renoncez à poêler toute pièce de bœuf inférieure à 1,5 cm d'épaisseur.

En revanche, certains morceaux de qualité inférieure (onglet, tranche grasse ou culotte) – à condition qu'on les laisse rassir 1 ou 2 jours dans le réfrigérateur – donneront une viande très savoureuse, se prêtant également au poêlage.

Préférez, pour les braisés et les ragoûts, la viande de spécimens plus âgés ; entre autres morceaux, ceux qui donneront les meilleurs résultats seront fournis par le paleron, la macreuse et le gîte à la noix. Pour les bouillis, dont le pot-au-feu est le plat emblématique, panachez ces derniers avec des viandes comme le plat de côtes ou la poitrine.

La cuisson des braisés, ragoûts et bouillis n'offre pas de difficulté particulière, étant entendu que le temps n'est pas un obstacle, au contraire : plus un plat a mijoté, meilleur il est, et ceci est valable pour toutes les viandes, à l'exception du lapin et des volailles.

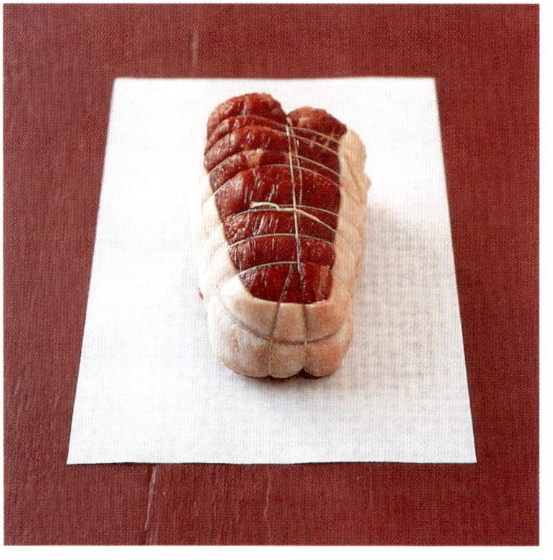

Le veau

Achat

• Une viande de veau de qualité est à peine rosée et bien ferme : c'est le signe que l'on a affaire à un animal de 3 mois au plus, élevé exclusivement au lait de sa mère enrichi de farines.

Mode et temps de cuisson

La chair de veau étant fragile et sujette à dessiccation (comme le porc lorsqu'il s'agit de morceaux nobles), il vaut mieux la cuire en cocotte plutôt qu'au four, en la saisissant au préalable afin de créer une couche étanche qui empêchera le jus de s'échapper.

• Temps de cuisson

– pour des côtes de veau : 7 minutes de chaque côté ; laissez reposer 5 minutes, couvert ;

– pour des escalopes : 4 à 8 minutes selon l'épaisseur ;

– pour un rôti : 1 heure/kg.

Le rôti de veau réclame une certaine minutie dans le traitement de sa cuisson car il ne doit pas être cuit sans excès, ni de temps ni d'intensité. Il faut toujours laisser reposer la viande et éviter de la piquer.

L'agneau

Achat

• Le terme générique d'« agneau » réserve parfois bien des surprises, tant la saveur varie du plus délicat au plus fort selon l'âge de l'animal. C'est néanmoins la viande qui détient le goût le plus prononcé.

• Le mouton et l'agneau sont débités de la même façon et se divisent en morceaux nobles

(gigot, côtelettes, selle) et, très relativement – l'agneau n'étant pas une viande bon marché –, de second choix (épaule, poitrine, collier).

• L'épaule peut être traitée comme le gigot, en version plus économique, ou désossée et coupée en cubes, pour servir, par exemple, à la confection de ragoûts ou de tagines.

• La poitrine et le collier, morceaux gras, sont cuisinés en ragoût.

• Pour les rôtis, choisissez la selle, le carré, la couronne, l'épaule ou le gigot.

L'agneau est une viande riche en graisses, qui ne sèche pas trop à la cuisson. On la sert souvent avec des herbes (romarin notamment).

Mode et temps de cuisson

• L'agneau rôti est meilleur cuit avec l'os.

• Temps de cuisson

– pour des côtelettes : le temps de cuisson des côtelettes est comparable à celui de la

viande rouge à griller (elle est à l'appréciation du convive). Les côtelettes doivent être saisies sur un gril qu'il n'est pas nécessaire de huiler du fait de la couche de gras recouvrant naturellement la viande ;
– pour un gigot : de 20 à 25 minutes/kg au four à 200 °C + 10 minutes dans le four éteint.

Sauce béarnaise

La béarnaise accompagne à merveille le bœuf et l'agneau.
Faites bouillir dans une casserole 3 c. à s. de vinaigre avec un brin d'estragon et 1 échalote hachée finement jusqu'à réduction de deux tiers. Filtrez. Hors du feu, ajoutez 2 jaunes d'œufs. Faites épaissir la préparation en fouettant. Incorporez alors progressivement et sans cesser de battre 100 g de beurre. Assaisonnez.

Le porc

Achat

• La viande de porc, comme celle du veau, doit être ferme au toucher et à peine rosée à la suite de la saignée pratiquée sur l'animal pour le faire mourir.
• À l'état frais, les morceaux les plus courants sont le filet et le filet mignon, les côtes, les grillades, l'échine et les travers.
Le plat de côtes, les jambonneaux et la poitrine sont salés.
Les bas morceaux sont transformés en charcuteries comme les saucisses, le boudin, l'andouillette, les saucissons ou encore les pâtés.

Mode et temps de cuisson

• La viande maigre de porc, tout comme le veau, gagne à être mijotée en cocotte. Celle plus grasse et persillée des grillades, travers ou saucisses supportera sans peine la chaleur sèche d'un gril ou d'un barbecue. Le filet et le jambon sont les meilleurs morceaux à rôtir.
• Ne piquez jamais les boudins ou les saucisses avec une fourchette : c'est précisément cela qui les fait éclater. Contentez-vous d'une grosse aiguille ou d'un couteau pointu.
• Temps de cuisson
– pour un rôti de porc : environ 1 heure 15/kg selon l'épaisseur ;
– pour une côte : 4 minutes de chaque côté à feu vif, puis modéré. Laissez reposer ;
– pour un filet mignon : 15 minutes à feu vif puis doux.

Choisir les poissons

Achat

• Choisissez bien votre marchand et soyez-lui fidèle ; au besoin, laissez-lui un pourboire s'il a levé les filets d'un poisson bon marché (il est évident que s'il s'agit de soles, le prix payé comprend ce service) ou ouvert des coquilles Saint-Jacques.
• Testez les rayons « poissonnerie » des hypermarchés, certains traitent directement avec des mareyeurs et assurent un gros débit grâce à une clientèle abondante.
• Fiez-vous à certains signes évidents : un poisson frais doit sentir la mer (et non le chlore !), être brillant de la queue à la tête et ferme au toucher.

• Évitez autant que possible d'acheter des darnes, qui plus est si elles sont sanguinolentes à l'arête, des filets ou des tronçons déjà découpés.

Quantité à prévoir par personne

- Filet : 150 g
- Darne ou tronçon : 200 g
- Poisson fumé (saumon, flétan, truite) : 100 g
- Poisson entier individuel : 250 g
- Gros poisson (pour 6 personnes) : 2 kg

Les modes de cuisson

Au court-bouillon

• C'est la cuisson la plus classique. Utilisez une grande casserole pour y pocher des filets, des tronçons ou des petits poissons individuels. Les filets ne nécessitant qu'une cuisson très brève, il suffit de les plonger dans le court-bouillon frémissant, de couper le feu et de couvrir. Les filets seront à point au bout de quelques minutes seulement.

À la vapeur

• La vapeur est préférable pour les tronçons et les poissons à chair ferme car elle a tendance à détremper les poissons plus tendres et fragiles. Privilégiez la lotte, le cabillaud, les paupiettes de sole ou de saumon.
N'hésitez pas à parfumer le bouillon ou directement le poisson avec des épices ou des herbes.

En papillote

• La cuisson en papillote est sans doute la façon la plus simple et la plus rapide de cuisiner le poisson. Elle offre de plus l'avantage de ne pas salir de plat et d'être pratiquement inratable : quelques herbes dans le ventre du poisson, un soupçon d'aromates, un zeste d'agrume et le tour est joué !
Ce mode de cuisson convient aux poissons individuels comme la truite, le colinot, les pavés de cabillaud ou de saumon – dont on peut évaluer approximativement le temps de cuisson (fiez-vous aux conseils du marchand).

Au four

• La cuisson au four, dite « braisée », se fait dans un plat sur un lit de légumes. Le poisson est mouillé et arrosé régulièrement avec du vin blanc, du bouillon ou un autre liquide.
Cuisez à feu un peu soutenu, en couvrant éventuellement de papier d'aluminium le poisson au début de la cuisson.
Ce mode de cuisson requiert un peu plus de soin que les précédents et se trouve plus « rentable » lorsqu'il s'agit d'un gros poisson que les convives se partagent – type bar, daurade, chapon, pageot, saint-pierre.

Au gril

• Les poissons grillés sont saisis sur un gril huilé. Ce sont les poissons dits « gras » qui se satisfont le mieux de ce type de cuisson : sardine, thon, saumon, maquereau. Plus le poisson est épais – par exemple une tranche de thon –, plus la cuisson devra être modérée.

Au four préchauffé puis éteint

• Enfin, une façon délicieuse de cuire le thon et le saumon sous forme de steak ou de pavé consiste à préchauffer le four à 210 °C (th. 7), de placer les morceaux de poisson sur une plaque huilée dans le four éteint et de les laisser chauffer tranquillement pendant 10 à 15 minutes.

Si les pavés sont peu épais ou que l'on aime le poisson mi-cuit, on peut entrouvrir la porte du four au bout de 5 minutes.

Meunière

• Pour la cuisson meunière qui s'opère à la poêle, essuyez le poisson ou les filets et farinez-les pour qu'ils soient parfaitement secs.

Utilisez de préférence du beurre clarifié.

Friture

• Pour la friture, procédez de même et plongez le poisson dans de l'huile très chaude. N'oubliez pas de l'égoutter sur du papier absorbant.

Les coquillages

On distingue deux sortes de coquillages : ceux consommés cuits et ceux que l'on mange crus. Ceux de la seconde catégorie doivent être consommés rapidement et être de toute première fraîcheur.

On reconnaît un coquillage frais à ce qu'il demeure bien fermé ou se ferme spontanément dès lors qu'on essaie de l'ouvrir. Les coquillages cuits n'échappent pas à la règle ; on peut certes les cuire un peu à l'avance dans certains cas, sans toutefois excéder les 24 heures.

Achat et cuisson

Quantités à prévoir par personne et temps de cuisson

• Bigorneaux : 150 g

Démarrez la cuisson à l'eau froide et, dès le début de l'ébullition, égouttez.

• Bulots : 150 à 200 g

Démarrez la cuisson à l'eau froide et laissez cuire 40 minutes à petits frémissements.

• Coquilles Saint-Jacques : 2 à 5 selon leur taille et en fonction du menu (entrée ou plat principal)

• Pétoncles : 200 g

• Coques : 200 g

• Crevettes grises : 100 à 150 g

Elles sont plus savoureuses à sec, laissez cuire quelques secondes.

• Bouquets : 150 g
Bannissez les crevettes roses tropicales ou congelées. Laissez cuire 1 minute.
• Gambas : 4 à 7 selon leur taille
Laissez cuire 2 à 3 minutes suivant la recette.
• Langoustines : 250 g, soit une dizaine.
Laissez cuire 2 minutes à peine.
• Crabe/tourteau/araignée : ½
Laissez cuire 10 à 15 minutes selon la taille et laissez tiédir dans le court-bouillon.
• Homard : ½ s'il s'agit d'un plat, moins pour garnir un plateau de fruits de mer
• Huîtres : 6 à 12 selon l'accompagnement
• Moules d'Espagne : 4 à 6 sur un plateau de fruits de mer
• Moules de bouchot : 400 g environ
Arrêtez la cuisson dès qu'elles sont ouvertes.
• Praires : 250 g
Arrêtez la cuisson dès qu'elles sont ouvertes.
• Palourdes : 250 g
Arrêtez la cuisson dès qu'elles sont ouvertes.

Court-bouillon de base

2 litres d'**eau** + 1 poignée de gros **sel**
1 c. à s. de **poivre noir**
2 **carottes**
2 feuilles de **laurier** + 1 belle branche de **thym**
1 branche de **persil**

Réunissez tous les ingrédients dans une casserole et portez à ébullition.

Court-bouillon dit « eau de mer »

Pour 2 litres d'eau, 1 grosse poignée de sel gris de mer bien iodé et… rien d'autre !

Ce court-bouillon est précieux lorsqu'on ne veut pas dénaturer la saveur d'un crustacé ou que l'on n'a rien sous la main.

Court-bouillon épicé

2 litres d'**eau**
1 poignée de gros **sel**
1 c. à s. de **poivre noir**
1 c. à c. de graines de **coriandre**
1 morceau de **gingembre**
3 rondelles de **citron**
2 branches de **fenouil** (à défaut, un trait de pastis)
1 **oignon** piqué de 1 **clou de girofle**

Procédez comme indiqué précédemment.

Présentation et accompagnement

Présentez les plateaux ou l'assiette de fruits de mer avec du pain de seigle et des tranches de pain de campagne grillé, du beurre d'Échiré et du beurre breton demi-sel, de la mayonnaise (voir page 10), éventuellement de la rouille, du vin blanc frais et du cidre fermier bien sec.

soupes & salades

soupe de pois cassés

Pour **6 personnes**
Préparation **10 minutes**
Cuisson **1 h 15**

300 g de **pois cassés**
1 belle **carotte**
1 **oignon**
1 **bouquet garni**
sel et **poivre**

Rincez les pois cassés sous l'eau froide et épluchez la carotte et l'oignon. Émincez-les et réunissez le tout dans une casserole. Couvrez avec 2 litres d'eau mais ne salez pas.

Laissez mijoter à petit feu pendant 1 h 15 environ. Salez en fin de cuisson. Passez la soupe au mixer afin d'obtenir une purée parfaitement lisse ; allongez-la d'un peu d'eau, si nécessaire.

Servez avec de la crème fleurette si vous souhaitez adoucir la soupe, ou avec des petits croûtons de pain grillé revenus dans l'huile d'olive.

soupe aux cocos de Paimpol

Pour **6 personnes**
Préparation **20 minutes**
Cuisson **2 h 30**
Trempage **48 heures**

750 g de **haricots blancs** (cocos de Paimpol)
2 **oignons**
1 branche de **thym**
5 branches de **persil plat**
1 feuille de **laurier**
10 brins de **cerfeuil**
2 c. à s. d'**huile d'olive**
sel et **poivre**

Rincez les haricots sous l'eau froide et faites-les tremper pendant 48 heures en renouvelant l'eau régulièrement. Cette précaution assurera leur digestibilité.

Égouttez les haricots et faites-les cuire dans 3 litres d'eau froide avec les oignons, le thym, le laurier et 1 branche de persil plat ficelés ensemble. Salez après 2 heures de cuisson et poursuivez pendant 30 minutes environ.

Vérifiez que les haricots sont bien cuits, ôtez le bouquet d'herbes et passez la soupe au mixer puis au tamis si vous souhaitez une soupe parfaitement lisse.

Réchauffez la soupe en la rallongeant si nécessaire, et versez-la dans une soupière. Parsemez de cerfeuil et de persil émincés finement et ajoutez un filet d'huile d'olive.

soupe au chou et au lard

Pour **6 personnes**
Préparation **25 minutes**
Cuisson **25 à 30 minutes**

½ **chou vert**
400 g de **pommes de terre**
2 **carottes**
2 **poireaux**
6 tranches fines de **poitrine fumée**
1 branche de **thym**
1 feuille de **laurier**
sel

Épluchez tous les légumes. Coupez les carottes et les poireaux en fines rondelles et les pommes de terre en cubes de taille moyenne. Émincez le chou en lanières et faites-le blanchir à l'eau bouillante pendant 2 minutes.

Portez à ébullition 1,5 litre d'eau salée et versez-y les carottes, les poireaux, les pommes de terre, le thym, le laurier et les tranches de poitrine fumée. Laissez cuire 15 minutes jusqu'à ce que les légumes soient tendres. Ajoutez le chou et laissez cuire encore 5 à 7 minutes. La soupe est prête à être servie. Vous pouvez ajouter dans chaque assiette une noisette de beurre frais.

soupe de tomates à la provençale

Pour **6 personnes**
Préparation **30 minutes**
Cuisson **35 minutes**

8 grosses **tomates** mûres à point
2 **oignons**
1 gousse d'**ail**
1 brindille de **thym**
1 feuille de **laurier**
1 petite branche de **romarin**
2 c. à s. d'**huile d'olive**
sel

Épluchez et émincez les oignons. Faites-les revenir à feu doux dans l'huile d'olive. Lorsqu'ils sont blonds, ajoutez les tomates pelées, épépinées et coupées en morceaux, la gousse d'ail et les herbes.

Laissez mijoter pendant 15 minutes puis mouillez avec 1,5 litre d'eau et poursuivez la cuisson à feu plus vif 10 minutes supplémentaires.

Ôtez les herbes et la gousse d'ail puis écrasez les tomates avec une fourchette ou un presse-purée. Salez. Servez bien chaud avec, si vous le souhaitez, des tranches de pain grillé frottées d'ail et d'huile d'olive, ou du fromage râpé.

vichyssoise

Pour **6 personnes**
Préparation **20 minutes**
Cuisson **30 minutes**
Refroidissement **4 heures minimum**

500 g de **pommes de terre**
1 kg de **poireaux**
20 g de **beurre**
20 cl de **crème fleurette**
quelques brins de **ciboulette**
1 dizaine de **glaçons**
sel

Épluchez les poireaux et rincez-les soigneusement afin d'éliminer la terre. Coupez-les en lanières. Épluchez les pommes de terre et coupez-les en morceaux.

Mettez le beurre, les poireaux et les pommes de terre dans une casserole, couvrez et commencez la cuisson à feu très doux en remuant de temps en temps afin que tous les légumes soient en contact avec la chaleur. Au bout de 7 à 8 minutes, mouillez avec 1 litre d'eau et poursuivez la cuisson pendant 20 minutes. Salez.

Laissez tiédir puis passez la soupe au mixer jusqu'à ce qu'elle soit parfaitement lisse et fluide. Ajoutez les glaçons et tenez au frais.

Au moment de servir, rectifiez la fluidité du potage avec un peu d'eau glacée et l'assaisonnement en sel. Ajoutez la crème fleurette et parsemez de ciboulette ciselée.

potage saint-germain

Pour **6 personnes**
Préparation **30 minutes**
Cuisson **20 minutes**

1 kg de **petits pois** écossés (environ 1,5 à 2 kg de petits pois non écossés)
3 petits **oignons nouveaux**
100 g de **poitrine fumée** coupée en tranches assez fines
60 g de **beurre**
1 branche de **thym**
1 feuille de **laurier**
sel

Épluchez les oignons et faites-les suer à feu très doux dans 20 g de beurre avec les petits pois. Mouillez avec 1,5 litre d'eau et ajoutez le thym et le laurier. Laissez cuire 15 à 20 minutes. Salez et ôtez le bouquet garni.

Taillez la poitrine fumée en bâtonnets et faites-les revenir sans matières grasses dans une poêle antiadhésive. Réservez quelques petits pois en guise de garniture.

Passez le contenu de la casserole au mixer. Réchauffez le potage obtenu avec les bâtonnets et les petits pois entiers et ajoutez le reste du beurre coupé en parcelles. Rectifiez l'assaisonnement et servez aussitôt.

soupe à l'oignon gratinée

Pour **6 personnes**
Préparation **20 minutes**
Cuisson **1 heure**

500 g d'**oignons**
60 g de **beurre**
30 g de **farine**
2 litres d'**eau** ou de **bouillon**
200 g de **comté**
pain rassis
thym, **laurier**
sel et **poivre**

Épluchez les oignons et émincez-les finement. Faites-les blondir dans une cocotte avec le beurre jusqu'à ce qu'ils soient bien dorés puis saupoudrez de farine. Laissez cuire 1 minute puis mouillez avec le liquide. Salez et poivrez puis ajoutez le thym et le laurier. Laissez cuire pendant 30 minutes puis ôtez les herbes.

Coupez le pain en tranches fines et faites-les griller. Émincez le fromage en fines lamelles. Alternez dans une soupière couche de pain et couche de fromage. Mouillez avec le bouillon et faites gratiner au four pendant 10 minutes.

garbure béarnaise

Pour **6 personnes**
Préparation **30 minutes**
Cuisson **2 heures**

750 g de **haricots tarbais** frais écossés
1 kg de **pommes de terre**
3 **carottes**
3 **poireaux** fins
1 **chou vert**
1 **oignon**
1 gousse d'**ail**
1 talon de **jambon de Bayonne**
400 g de **confit de canard** un peu « essuyé » de sa graisse
1 **bouquet garni**
½ c. à c. de **piment d'Espelette séché** (à défaut, le remplacer par n'importe quel piment rouge)
6 tranches épaisses de **pain de campagne**

Épluchez tous les légumes (sauf le chou) et coupez-les en morceaux. Versez-les dans un grand faitout, couvrez avec 3 litres d'eau froide et ajoutez le bouquet garni, le talon de jambon et le piment. Portez à ébullition puis baissez le feu et laissez frémir en écumant de temps à autre.

Au bout de 1 heure, ajoutez le chou débarrassé de son trognon et coupé en lanières et, 30 minutes après, le confit. Poursuivez pendant 30 minutes supplémentaires.

Au moment de servir, disposez les tranches de pain au fond de la soupière et faites-les gonfler dans un peu de bouillon de cuisson. Disposez le confit et le jambon sur un plat et versez la garbure dans la soupière. Chacun se sert de soupe et déguste la viande en second service mais rien ne vous interdit de manger les deux en même temps !

salade de coquillettes à la parisienne

Pour **6 personnes**
Préparation **10 minutes**
Cuisson **10 minutes**

300 g de **coquillettes**
2 tranches de **jambon cuit** d'environ 1 cm d'épaisseur
200 g de **comté**
20 **olives noires** dénoyautées
1 c. à s. de **vinaigre de vin blanc**
1 c. à c. de **moutarde**
4 c. à s. d'**huile d'olive**
quelques brins de **persil plat**
sel et **poivre**

Faites cuire les coquillettes dans une grande quantité d'eau bouillante salée, en suivant le temps indiqué sur le paquet.

Pendant ce temps, préparez la vinaigrette en mélangeant, dans l'ordre, le vinaigre, le sel, le poivre, la moutarde et enfin l'huile.

Égouttez les coquillettes et passez-les rapidement sous l'eau froide afin qu'elles restent fermes et ne collent pas. Assaisonnez aussitôt avec la vinaigrette et laissez refroidir.

Coupez les tranches de jambon et le comté en petits dés. Réunissez dans un saladier tous les ingrédients. Parsemez de persil haché et servez à température ambiante.

salade niçoise

Pour **6 personnes**
Préparation **30 minutes**
Cuisson **8 minutes**

12 filets d'**anchois au sel**
3 **œufs**
6 **tomates** moyennes
100 g de vrai **mesclun**
6 petits **oignons nouveaux**
2 **poivrons verts**
1 cœur de **céleri**
150 g de petites **fèves écossées**
1 gousse d'**ail**
100 g de petites **olives de Nice**
12 feuilles de **basilic**
2 c. à s. de **vinaigre de vin**
6 c. à s. d'**huile d'olive**
sel et **poivre**

Retirez les arêtes des anchois avant de les rincer sous l'eau fraîche pour les dessaler.

Faites durcir les œufs 8 minutes à l'eau bouillante.

Épluchez les légumes (oignons, poivrons, céleri) et émincez-les finement. Lavez et essorez le mesclun. Coupez les tomates en tranches et ôtez leurs pépins. Pelez les fèves. Réservez tous les ingrédients au frais.

Frottez un grand plat avec la gousse d'ail et déposez tous les légumes épluchés. Recouvrez d'anchois et de quartiers d'œufs durs écalés. Préparez la vinaigrette en mélangeant le vinaigre, le basilic ciselé, le sel, le poivre et l'huile d'olive. Versez la vinaigrette sur la salade et parsemez d'olives noires.

salade tiède aux marrons

Pour **6 personnes**
Préparation **20 minutes**
Cuisson **10 minutes**

200 g de **mâche**
600 g de **marrons** entiers au naturel
6 grosses **échalotes**
1 c. à c. de **sucre en poudre**
½ verre de **vinaigre de vin blanc**
3 c. à s. d'**huile d'olive**
sel et **poivre**

Lavez, épluchez et essorez la mâche. Faites fondre à feu très doux dans l'huile d'olive les échalotes épluchées et coupées en quatre dans le sens de la longueur. Elles doivent rester tendres et ne surtout pas prendre couleur. Lorsqu'elles sont presque transparentes, versez le sucre en poudre et mélangez. Ajoutez le vinaigre, laissez bouillonner 1 à 2 minutes puis ajoutez les marrons. Salez, poivrez et laissez cuire 5 minutes à couvert.

Disposez la mâche dans un saladier. Ôtez les marrons du feu, laissez tiédir quelques minutes, puis versez-les dans le saladier. Mélangez délicatement, rectifiez l'assaisonnement et servez sans attendre.

salade des montagnes

Pour **6 personnes**
Préparation **15 minutes**
Cuisson **12 minutes**

300 g de **pâtes** (grosses coquillettes ou escargots)
200 g de **viande des Grisons** en tranches très fines
2 **courgettes**
2 **tomates**
100 g de **noix** décortiquées
quelques brins de **cerfeuil**
1 c. à c. de **vinaigre de vin**
20 cl de **crème fleurette légère**
sel et **poivre**

Faites cuire les pâtes dans une grande quantité d'eau bouillante salée, en suivant le temps de cuisson indiqué sur le paquet.

Fouettez la crème liquide avec le vinaigre, le sel et le poivre. Égouttez les pâtes et passez-les rapidement sous l'eau fraîche. Ajoutez la sauce et laissez refroidir.

Lavez les courgettes et détaillez-les en fines rondelles. Pelez et épépinez les tomates. Découpez les tranches de viande des Grisons en lanières.

Réunissez dans un saladier les pâtes, les rondelles de courgette, les tomates coupées en dés, les cerneaux de noix, les petites feuilles de cerfeuil et les lanières de viande des Grisons. Remuez délicatement et servez aussitôt.

salade landaise

Pour **6 personnes**
Préparation **20 minutes**
Cuisson **5 minutes**

300 g de pousses d'**épinard**
300 g de **pourpier**
400 g de **gésiers de canard confits**
1 c. à s. de **vinaigre de vin**
4 c. à s. d'**huile de noix**
1 bouquet de **cerfeuil**
sel et **poivre**

Lavez et épluchez les pousses d'épinard et le pourpier. Essorez-les.

Avec du papier absorbant, éliminez la graisse qui enrobe les gésiers confits. Coupez-les en petites bouchées. Placez-les dans une poêle et faites-les rissoler à feu doux pendant quelques minutes.

Confectionnez la vinaigrette en mélangeant, dans l'ordre, le vinaigre, le sel, le poivre et l'huile. Versez la vinaigrette dans un saladier ou un plat creux et disposez par-dessus les feuilles de salade, les pousses d'épinard et les pluches de cerfeuil. Égouttez les gésiers sur du papier absorbant et mettez-les dans le saladier. Mélangez intimement avant de servir.

escargots à la bourguignonne

Pour **6 personnes**
Préparation **1 heure**
Cuisson **3 h 30**

3 douzaines d'**escargots**
1 c. à s. de **farine**
½ verre de **vinaigre**
1 poignée de **gros sel**
50 cl de **vin blanc sec**
1 **carotte**
1 **oignon**
4 **échalotes**
1 **bouquet garni**

Beurre d'escargots
200 g de **beurre**
4 gousses d'**ail**
2 **échalotes**
1 bouquet de **persil**
un peu de **cerfeuil**
sel et **poivre**

Placez les escargots dans une passoire et faites-les dégorger pendant 30 minutes avec la farine, le vinaigre et le gros sel. Rincez-les bien sous l'eau chaude et jetez-les dans une casserole d'eau bouillante. Laissez-les cuire pendant 30 minutes. Égouttez soigneusement et retirez les escargots de leur coquille. Placez-les dans une casserole avec le vin, l'oignon et la carotte coupés en rondelles, les échalotes, le bouquet garni, le sel, le poivre et suffisamment d'eau pour les recouvrir. Laissez cuire 3 heures à petit feu puis refroidir dans le bouillon.

Préparez le beurre d'escargots en travaillant le beurre en pommade avec les autres ingrédients hachés finement. Salez, poivrez. Mettez un peu de farce dans le fond de chaque coquille, replacez l'escargot et fermez avec une noisette de beurre. Rangez les escargots dans des plats spéciaux et passez-les à four chaud (150 °C – th. 5) quelques minutes. Attention ! le beurre ne doit pas bouillir.

terrines

terrine de canard aux baies roses

Pour **1 terrine de 1,5 litre** (6 à 8 personnes)
Préparation **1 h 30**
Macération **2 heures au moins**
Cuisson **1 h 20**
Repos **24 heures**

1 gros **canard** de 2,5 kg environ
200 g de **foies de volaille** ou 200 g de **foie gras de canard**
4 **échalotes**
1 **œuf**
1 c. à s. de **baies roses**
2 petits verres d'**armagnac**
1 morceau de **barde de lard** pour tapisser la terrine
sel et **poivre**

Désossez le canard à cru en conservant les filets entiers. Faites-les macérer pendant 2 à 3 heures, voire une nuit dans 1 verre d'armagnac.

Le lendemain, hachez le reste de la chair (sans la peau) avec les foies de volaille et les échalotes. Ajoutez l'œuf, les baies roses, le sel et le reste d'armagnac. Découpez les filets de canard en petites escalopes.

Préchauffez le four à 180 °C (th. 6). Tapissez une terrine avec la barde de lard et répartissez une couche de farce au fond. Couvrez avec la moitié des escalopes, puis avec de la farce et à nouveau avec des escalopes. Tassez le reste de farce et terminez par un morceau de barde. Posez le couvercle sur la terrine et mettez dans le four chaud pendant environ 1 h 20 à 180 °C (th. 6).

Laissez la terrine refroidir dans le four entrouvert, puis placez-la au frais pendant 24 heures. Servez-la directement dans la terrine.

Vous pouvez remplacer les baies roses par du poivre vert.

terrine de foies de volaille

Pour **une terrine de 1,5 litre** (6 à 8 personnes)
Préparation **20 minutes**
Marinade **1 heure**
Cuisson **1 heure**
Réfrigération **48 heures**

700 g de **foies de volaille**
250 g de **jambon cuit**
250 g de **poitrine fumée**
2 petits **pains au lait**
½ verre de **lait**
3 c. à s. de **cognac**
3 **échalotes**
2 **œufs**
20 g de **beurre**
noix de muscade
sel et **poivre**

Faites mariner les foies pendant 1 heure dans le cognac. Émiettez les petits pains dans le lait.

Préchauffez le four à 150 °C (th. 5).

Mixez la moitié des foies de volaille avec le jambon, les œufs, la poitrine fumée et les pains au lait pour obtenir une farce très fine. Assaisonnez de sel, poivre et noix de muscade.

Coupez le reste des foies de volaille en petits morceaux et faites-les dorer au beurre avec les échalotes émincées finement pendant 2 minutes. Mélangez-les à la farce.

Beurrez une terrine en porcelaine et versez-y la préparation. Égalisez la surface avec une spatule, mettez le couvercle (ou une double couche de papier d'aluminium) et faites cuire 1 heure au four à 150 °C (th. 5).

Laissez refroidir la terrine à température ambiante puis placez-la 48 heures au frais.

Dégustez avec du pain de campagne ou de la brioche grillée, des cerises au vinaigre ou un assortiment de pickles et de chutney.

Veillez à ce que le volailler ait bien nettoyé les foies et, surtout, ôté les poches de fiel.

Vous pouvez remplacer le cognac par du banyuls ou du porto.

terrine de foie gras

Pour **6 à 8 personnes**
Préparation **20 minutes**
Trempage **1 heure**
Réfrigération **12 heures**
Cuisson **25 minutes**

1 **foie gras de canard** de 600 g environ
25 cl de **vin liquoreux**, (sauternes, monbazillac)
1 pincée de **4-épices**
2 c. à c. rases de **sel**
1 c. à c. rase de **poivre** fraîchement moulu

Laissez tremper le foie 1 heure dans de l'eau tiède à 37 °C.

Écartez les 2 lobes ; à l'aide d'un petit couteau, ôtez délicatement les taches vertes de fiel qui donneraient de l'amertume et dégagez les vaisseaux sanguins qui irriguent le foie en tirant dessus – n'ayez pas peur d'abîmer la chair du foie, elle se reformera après la cuisson. Disposez le foie ouvert dans un plat.

Dans un bol, mélangez sel, poivre, 4-épices et vin liquoreux et arrosez le foie avec ce mélange. Recouvrez le foie d'un film plastique et laissez mariner 12 heures au réfrigérateur, en le retournant à 2 ou à 3 reprises.

Ôtez du réfrigérateur et laissez 1 heure à température ambiante.

Préchauffez le four à 150 °C (th. 5). Égouttez le foie et placez-le en le tassant dans une terrine pouvant juste le contenir. Faites cuire 25 minutes au bain-marie. La température doit être régulière : trop chaude, le foie rendrait trop de graisse et, pas assez, il ne serait pas cuit. Il est préférable de contrôler la température avec un thermomètre de cuisson, le bain-marie devant être à 70 °C.

Retirez le foie du four et laissez refroidir ; posez le couvercle et conservez au réfrigérateur.
Le foie gras développera le maximum de saveur après 5 jours ; il peut se conserver 10 jours au maximum.

terrine de légumes au cerfeuil

Pour **6 personnes**
Préparation **40 minutes**
Cuisson **1 h 15**

200 g de **haricots verts**
500 g de **chou-fleur**
250 g de **carottes**
200 g de **petits pois** écossés
125 g de **chèvre frais**
6 **œufs**
20 cl de **crème fraîche**
1 bouquet de **cerfeuil**
1 kg de **tomates**
1 gousse d'**ail**
1 c. à s. d'**huile d'olive**
2 brindilles de **thym**
sel et **poivre**

Épluchez les haricots verts, coupez-les en petits tronçons. Détaillez le chou-fleur en petits bouquets. Épluchez les carottes, coupez-les en rondelles, puis chaque rondelle en trois.

Faites cuire, à l'eau salée, les petits pois 5 à 7 minutes selon leur grosseur, les haricots verts 7 minutes, les carottes et les bouts de chou-fleur 10 minutes. Égouttez ensuite les légumes.

Écrasez le fromage à la fourchette, ajoutez les œufs, la crème fraîche, le cerfeuil ciselé, le sel et le poivre. Mélangez avec les légumes bien égouttés.

Versez la préparation dans un plat à cake beurré. Faites cuire 45 minutes au bain-marie dans le four à 150 °C (th. 4-5).

Préparez le coulis de tomates : pelez, épépinez les tomates et passez la chair au presse-purée ; à feu très doux, faites tiédir pendant 30 minutes le coulis avec la gousse d'ail coupée en deux, l'huile d'olive, le thym, le sel et le poivre.

Servez la terrine tiède ou froide avec le coulis tiède ou froid.

On peut, bien sûr, confectionner cette terrine avec tous les petits légumes que l'on a sous la main : brocolis, dés de céleri, champignons…

terrine de lotte

Pour **6 personnes**
Préparation **20 minutes**
Cuisson **1 heure**

1,2 kg de **lotte**
8 **œufs**
4 **citrons**
1 petite boîte de **concentré de tomates**
1 c. à s. de **poivre vert**
1 bol de **mayonnaise**
½ botte de **ciboulette**
½ botte de **cerfeuil**
sel

Coupez et mettez les morceaux de lotte, recouverts d'eau froide, dans une grande casserole avec le jus de 3 citrons. Portez à ébullition et faites cuire 30 minutes à petit feu.

Pendant ce temps, dans un bol, battez les œufs entiers avec le concentré de tomates. Salez et ajoutez le poivre vert.

Quand la lotte est cuite, égouttez-la et ôtez les peaux noires et les os. Épongez-la dans du papier absorbant et coupez la chair en gros dés. Beurrez un moule à cake en porcelaine. Mélangez les morceaux de lotte avec les œufs battus puis versez dans le moule.

Faites cuire 30 minutes à four moyen (175 °C – th. 5-6) au bain-marie. Laissez refroidir complètement avant de démouler.

Pendant la cuisson, confectionnez la mayonnaise (voir page 10) et assaisonnez-la avec le jus de ½ citron et les herbes ciselées.

Servez la terrine avec la mayonnaise en entrée, ou en plat principal, accompagnée d'un riz blanc et d'une salade verte.

Par souci d'économie, vous pouvez remplacer la lotte par du cabillaud.

terrine de jambon persillé

Pour **une grande terrine ou un saladier** (6 personnes)
Préparation **1 heure**
Cuisson **2 heures**
Dessalage **4 heures + quelques heures au frais**

2 kg de noix de **jambon cru**
1 **pied de veau**
2 **carottes**
1 **oignon piqué d'un clou de girofle**
1 **bouquet garni** (céleri, vert de poireau, thym, laurier, persil)
1 bouteille de **vin blanc**
5 cl de **vinaigre de vin**
1 gros bouquet de **persil plat**
sel, **poivre en grains et moulu**

Faites dessaler la noix de jambon dans de l'eau fraîche pendant 4 heures, en changeant l'eau toutes les heures.

Dans une grande marmite, préparez un bouillon avec les carottes coupées en rondelles, l'oignon, le bouquet garni, le vin blanc, 1,5 à 2 litres d'eau (suivant la taille du récipient) et du poivre en grains. Portez à ébullition et plongez-y le jambon et le pied de veau. Laissez cuire à petits frémissements pendant 2 heures.

Égouttez le jambon, ôtez le pied de veau et la garniture aromatique puis filtrez le bouillon. Faites-le réduire à feu vif pour obtenir 60 cl de liquide.

Ciselez les feuilles de persil plat, pas trop finement.

Coupez le jambon en gros dés, en ôtant une bonne partie du gras. Ajoutez le persil, le vinaigre de vin, du poivre moulu et un peu de sel éventuellement.

Versez la viande dans une terrine ou un grand saladier en terre et recouvrez avec le bouillon tiède. Laissez refroidir et placez au frais jusqu'à ce que la gelée soit bien prise. Ce jambon se sert dans le saladier, ou démoulé sur un plat de service.

Si vous souhaitez une préparation plus relevée, vous pouvez ajouter un peu d'échalote au hachis de persil.

tartes & quiches

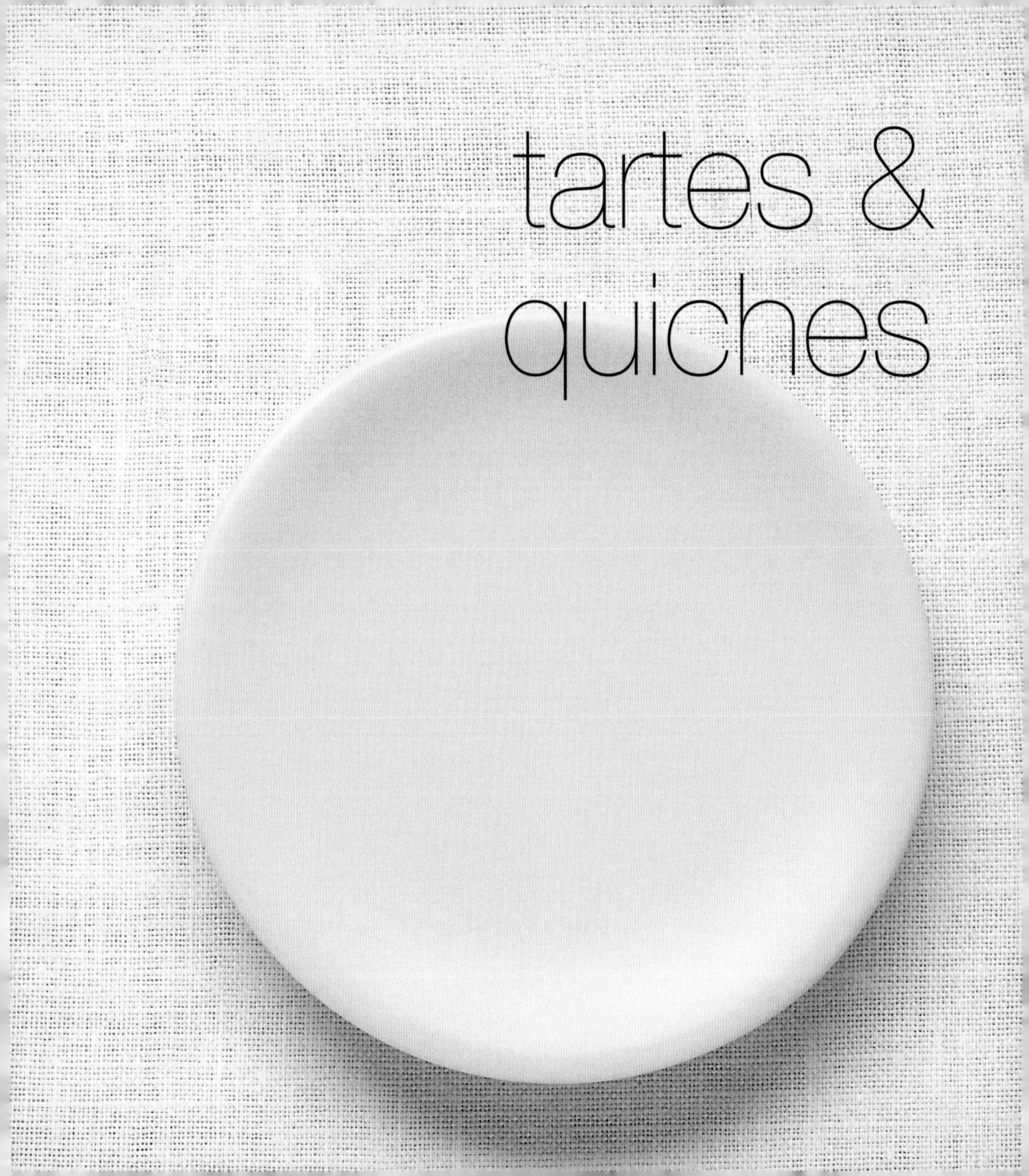

gougères au fromage

Pour **6 personnes**
Préparation **30 minutes**
Cuisson **40 minutes**

25 cl d'**eau**
75 g de **beurre**
250 g de **farine**
4 **œufs** + 1 **jaune**
100 g de **comté râpé**
sel et **poivre**

Mettez à bouillir dans une casserole l'eau, le sel et le beurre. Lorsque le beurre est fondu, versez la farine en une fois dans la casserole. Ôtez aussitôt du feu et mélangez bien.

Remettez la casserole sur le feu et ajoutez les 4 œufs entiers, l'un après l'autre, en mélangeant soigneusement avant d'incorporer le suivant. Ôtez du feu et incorporez les ⅔ du comté et un peu de poivre.

Beurrez une plaque à pâtisserie et disposez, à l'aide d'une cuillère à soupe, des boules de pâte les unes à côté des autres afin de former une couronne. Dorez le dessus avec le jaune d'œuf dilué dans un peu d'eau. Saupoudrez du fromage restant.

Placez dans le four et laissez cuire 20 minutes à 180 °C (th. 6). Augmentez la température à 200 °C (th. 7) et faites cuire encore 20 minutes. Éteignez le four, entrouvrez sa porte et laissez les gougères tiédir et se dessécher quelques minutes.

flamiche au poireau

Pour **6 personnes**
Préparation **20 minutes**
Cuisson **55 minutes**

250 g de **pâte feuilletée** (1 rouleau)
10 **poireaux** assez fins
30 g de **beurre**
20 cl de **crème fleurette**
2 **jaunes d'œufs**
10 brins de **ciboulette**
sel et **poivre**

Étalez la pâte feuilletée bien froide dans un moule à tarte et réservez-la au frais.

Lavez et épluchez les poireaux. Détaillez-les en fines lamelles et faites-les revenir au beurre, sans les laisser prendre couleur, pendant 20 minutes jusqu'à ce que tout le jus rendu se soit évaporé. Ôtez alors du feu et ajoutez la crème fleurette, les jaunes d'œufs et la ciboulette ciselée. Salez, poivrez.

Préchauffez le four à 180 °C (th. 6). Versez le mélange poireaux-œufs-crème dans le fond de tarte bien froid et mettez dans le four, la grille glissée sur le cran inférieur, afin que le fond ne soit pas détrempé pendant 35 minutes environ.

pissaladière

Pour **6 personnes**
Préparation **20 minutes**
Cuisson **1 h 20**

300 g de **pâte à pain** (voir page 13)
1,5 kg d'**oignons**
10 filets d'**anchois**
20 **olives noires** de Nice
2 gousses d'**ail**
thym
6 c. à s. d'**huile d'olive**
sel et **poivre**

Épluchez l'ail et les oignons, émincez-les et faites-les cuire à petit feu, 1 heure environ, dans une cocotte avec la moitié de l'huile, le thym, du sel et du poivre, jusqu'à ce que les oignons soient transparents sans avoir pris couleur.

Étendez la pâte sur une plaque huilée et laissez-la lever dans un endroit tiède, à l'abri des courants d'air, pendant 15 minutes.

Préchauffez le four à 240 °C (th. 8). Étalez la compote d'oignons sur la pâte, disposez en rayons les filets d'anchois, parsemez d'olives noires et de thym, arrosez avec le reste d'huile d'olive et poivrez fortement. Mettez au four pendant 20 minutes. La pissaladière se mange tiède.

quiche lorraine

Pour **6 personnes**
Préparation **30 minutes**
Réfrigération **30 minutes**
Cuisson **40 minutes**

200 g de **farine**
120 g de **beurre**
200 g de **poitrine fumée** taillée en lardons
3 **œufs**
20 cl de **crème fraîche**
sel et **poivre**

Préparez la pâte brisée (voir recette page 12) et laissez reposer 30 minutes au frais.

Abaissez la pâte et garnissez-en un moule à tarte beurré. Disposez les petits lardons sur la pâte et placez le moule 10 minutes dans le four préchauffé à 180 °C (th. 6).

Pendant ce temps, battez les œufs en omelette avec la crème, le sel et le poivre, sans faire mousser le mélange. Versez la liaison sur le fond de tarte et prolongez la cuisson de 30 minutes environ. Servez au sortir du four.

tarte à l'oignon à l'alsacienne

Pour **6 personnes**
Préparation **50 minutes**
Réfrigération **30 minutes**
Cuisson **1 h 15**

300 g de **pâte brisée**
500 g d'**oignons**
150 g de **lard fumé**
1 c. à s. d'**huile**
ou de **beurre**
1 c. à s. de **semoule fine**
4 **œufs** entiers
40 g de **farine**
40 g de **beurre**
1 litre de **lait**
noix de muscade
sel et **poivre**

Confectionnez la pâte brisée (voir page 12) et laissez-la reposer 30 minutes au frais.

Abaissez la pâte et garnissez-en un moule à tarte beurré. Préparez une béchamel avec la farine, le beurre et le lait (voir recette page 13). Salez, poivrez et ajoutez de la muscade.

Épluchez les oignons et émincez-les finement. Faites-les revenir dans la matière grasse à tout petit feu pendant 20 minutes. Ajoutez en fin de cuisson la semoule et laissez gonfler quelques instants. Blanchissez le lard fumé coupé en petits dés dans de l'eau bouillante. Égouttez bien.

Réunissez dans une terrine les œufs battus, la béchamel, les lardons et les oignons. Versez sur le fond de pâte et mettez dans le four préchauffé à 180 °C (th. 6) pendant 45 minutes.

pâté du Berry aux pommes de terre

Pour **6 personnes**
Préparation **30 minutes**
Cuisson **1 h 15**

500 g de **pâte feuilletée** (2 rouleaux)
1,5 kg de **pommes de terre**
2 **oignons**
1 **œuf** battu
150 g de **crème fraîche**
noix de muscade
quelques brins de **ciboulette**, d'**estragon** et de **cerfeuil**
sel et **poivre**

Étalez la moitié de la pâte dans une tourtière à bord haut.

Coupez les pommes de terre en tranches fines. Faites-les blanchir pendant 5 minutes à l'eau bouillante. Égouttez-les bien et étendez la moitié sur la pâte. Salez, poivrez, ajoutez de la muscade et recouvrez d'une couche d'oignons tranchés fin. Complétez avec le reste des pommes de terre. Recouvrez avec le reste de pâte en soudant bien les bords avec une partie de l'œuf battu. Pratiquez au centre une petite ouverture. Insérez dedans une petite cheminée en papier pour laisser s'échapper la vapeur durant la cuisson. Badigeonnez la surface du pâté avec le reste d'œuf battu et laissez cuire à four chaud (180 °C – th. 6) pendant 1 heure.

Assaisonnez la crème et mélangez-la aux fines herbes ciselées. Sortez la tourtière du four, ôtez la cheminée et versez la crème fraîche dans le trou. Remettez la tourtière au chaud pendant 10 minutes, directement sur la sole du four ou en positionnant la grille au plus bas si le moule ne supporte pas la chaleur directe.

tarte au chèvre

Pour **6 personnes**
Préparation **30 minutes**
Réfrigération **30 minutes**
Cuisson **40 minutes**

Pâte
120 g de **beurre**
200 g de **farine**
sel

Garniture
600 g de **chèvre frais** (2 à 3 suivant leur taille)
4 **œufs**
5 brindilles de **thym** frais (en fleur)
2 brins d'**origan** (frais si possible) ou 1 pincée de sec
1 c. à s. de **semoule** très fine
sel et **poivre**

Confectionnez la pâte brisée (voir page 12) avec tous les ingrédients. Laissez reposer au frais pendant 30 minutes. Étalez la pâte au rouleau et garnissez-en un moule à tarte beurré. Saupoudrez de semoule.

Écrasez les fromages de chèvre frais à la fourchette. Ajoutez les œufs, un à un. Salez, poivrez et ajoutez les herbes émiettées.

Versez cette crème dans le moule et mettez-la dans le four préchauffé à 180 °C (th. 6). Laissez cuire 30 à 40 minutes jusqu'à ce que le dessus de la tarte soit doré et gonflé.

Éteignez le four et posez le moule directement sur la sole pendant 10 minutes afin que le fond s'assèche davantage.

soufflé au fromage

Pour **6 personnes**
Préparation **20 minutes**
Cuisson **20 à 25 minutes**

50 g de **beurre**
50 g de **farine**
50 cl de **lait**
6 **œufs**
150 g de **gruyère**
fraîchement râpé
noix de muscade
sel et **poivre**

Faites fondre le beurre sur feu doux et ajoutez, en tournant, la farine jusqu'à ce que le mélange soit homogène.

Hors du feu, ajoutez petit à petit, en tournant toujours, le lait. Remettez sur le feu et faites épaissir comme une béchamel.

Ôtez du feu et ajoutez le fromage râpé puis les jaunes d'œufs, un à un. Assaisonnez et incorporez délicatement les blancs battus en neige pas trop fermes.

Versez la préparation dans un moule à soufflé beurré et fariné, et mettez à four chaud (220 °C – th. 7-8) 20 à 25 minutes sans jamais ouvrir la porte du four. Servez immédiatement, le soufflé n'attend pas !

crottins de Chavignol rôtis

Pour **6 personnes**
Préparation **10 minutes**
Cuisson **5 minutes**

6 tranches de **pain de campagne**
6 **crottins de Chavignol**
6 brindilles de **thym**
6 c. à c. d'**huile d'olive**
½ **salade frisée**
1 gousse d'**ail**
1 c. à s. de **vinaigre**
4 c. à s. d'**huile d'olive**
sel et **poivre du moulin**

Lavez la salade et essorez-la. Frottez les parois d'un saladier avec la gousse d'ail et versez au fond les ingrédients nécessaires à la vinaigrette (huile, vinaigre, sel, poivre).

Préchauffez le gril du four. Disposez sur chaque tranche de pain de campagne badigeonnée d'huile d'olive 1 crottin surmonté de 1 brindille de thym. Poivrez abondamment. Lorsque la voûte supérieure du four est bien chaude, glissez la plaque sur laquelle vous aurez posé les tranches de pain et, porte entrouverte, laissez dorer 3 à 4 minutes.

Remuez la salade et répartissez-la dans chaque assiette. Disposez à côté un crottin rôti et servez sans attendre.

viandes & volailles

bœuf à la ficelle

Pour **6 personnes**
Préparation **30 minutes**
Cuisson **35 minutes**

1,5 kg de **filet de bœuf**
3 **carottes**
½ **céleri-rave**
2 **poireaux**
6 petits **navets**
1 **oignon** piqué d'un **clou de girofle**
1 c. à s. de **gros sel**
poivre en grains
1 bol de **coulis de tomates**
fines herbes (cerfeuil, estragon, basilic, ciboulette)

Épluchez les légumes ; coupez les carottes et le céleri en gros bâtonnets, et ne conservez que le blanc des poireaux. Disposez-les dans un grand faitout avec l'oignon, le sel et le poivre. Portez à ébullition.

Lorsque l'eau bout, plongez la pièce de bœuf ficelée dans le récipient. Attachez ensemble les extrémités de la ficelle à une des anses du faitout afin de récupérer aisément la viande en fin de cuisson. Écumez régulièrement et poursuivez la cuisson à petite ébullition pendant 30 à 40 minutes selon que vous aimez la viande plus ou moins saignante. Quoi qu'il en soit, elle doit rester rosée et juteuse à l'inverse du pot-au-feu.

Réchauffez le coulis de tomates et parfumez-le avec les herbes fraîches, au choix.

Dressez le filet de bœuf débarrassé de la ficelle sur un plat, entouré de légumes, avec la sauce à part. Le bœuf à la ficelle est un pot-au-feu de luxe du fait de la qualité de la viande. N'hésitez pas à le servir avec des légumes vapeur, en plus de ceux qui ont cuit dans le bouillon (petites courgettes, pommes de terre grenailles, haricots verts, petits pois frais).

Le bouillon n'a pas besoin d'être dégraissé ; il peut être dégusté en entrée.

bœuf bourguignon

Pour **6 personnes**
Préparation **30 minutes**
Cuisson **3 heures**
Marinade **24 heures**

1,5 kg de **gîte à la noix** coupé en morceaux
150 g de **lard frais** coupé en dés
3 **carottes** coupées en rondelles
3 gros **oignons** émincés ou 1 oignon + 2 douzaines d'oignons grelots
1 bouteille de **vin de Bourgogne rouge**
1 feuille de **laurier**
10 branches de **persil plat**
1 c. à s. de **farine**
sel et **poivre**

La veille, faites mariner les carottes et les oignons coupés en rondelles avec la viande, le sel, le poivre, les herbes et le vin.

Le lendemain, égouttez la viande sur du papier absorbant. Faites fondre les dés de lard dans une cocotte. Ajoutez les morceaux de gîte et laissez-les dorer modérément de tous côtés. Ôtez-les de la cocotte et remplacez par les oignons émincés finement ou les petits oignons grelots épluchés.

Lorsqu'ils sont bien rissolés, remettez la viande et saupoudrez de farine. Laissez blondir, tout en remuant, pendant quelques minutes. Mouillez avec la marinade, salez et poivrez. Couvrez et laissez mijoter 3 heures à feu très doux.

Servez, saupoudré de persil avec des pommes de terre vapeur.

pot-au-feu

Pour **6 personnes**
Préparation **30 minutes**
Cuisson **3 heures**

600 g de **gîte de bœuf**
600 g de **macreuse**
1 **jarret de veau**
1 petit **chou vert**
1 petite boule de **céleri-rave**
6 **carottes**
6 petits **poireaux**
6 **navets**
1 **oignon**
1 **bouquet garni**
2 c. à s. de **gros sel**
poivre

Mettez les trois viandes dans de l'eau froide salée avec l'oignon et le bouquet garni. Portez doucement à ébullition. Écumez de temps en temps et maintenez la cuisson, à demi couvert, pendant 2 heures.

Pendant ce temps, épluchez les légumes. Blanchissez le chou coupé en quartiers dans une casserole d'eau bouillante pendant 10 minutes et réservez.

Ajoutez dans la marmite, 1 heure avant la fin de la cuisson, le céleri coupé en morceaux, les carottes, les poireaux et les navets épluchés. Poursuivez la cuisson pendant 1 heure encore et, 15 minutes avant la fin de la cuisson, ajoutez le chou dans la marmite.

Dressez la viande découpée et les légumes dans un plat chaud et servez accompagné de gros sel, d'huile d'olive ou de vinaigrette aux herbes, et de différentes moutardes.

daube provençale

Pour **6 personnes**
Préparation **20 minutes**
Cuisson **4 h 20**
Marinade **24 heures**

1,3 kg de **gîte de bœuf**
3 **carottes**
6 **anchois au sel**
6 c. à s. d'**huile d'olive**
3 **oignons**
4 gousses d'**ail**
thym, **laurier**, **persil**
1 bouteille de bon **vin rouge**
1 verre de **vinaigre de vin**
2 **clous de girofle**
sel et **poivre**

La veille, préparez la marinade : faites mariner 24 heures les carottes et un oignon émincé coupés en rondelles avec la viande coupée en morceaux de 70 g environ chacun, le sel, le poivre, les clous de girofle, les herbes, le vin et le vinaigre.

Le lendemain, égouttez la viande sur du papier absorbant. Versez 3 cuillerées à soupe d'huile d'olive dans une cocotte et faites-y rissoler les 2 oignons restants. Pendant ce temps, faites revenir à feu vif, dans le reste d'huile, les morceaux de bœuf. Quand ils sont bien dorés et saisis de tous côtés, mettez-les dans la cocotte avec les oignons, toute la marinade – rondelles d'oignon et de carottes comprises.

Laissez mijoter à découvert pendant 20 minutes. Ajoutez alors l'ail écrasé et les anchois rincés sous l'eau froide et pilés. Couvrez et laissez mijoter à feu très doux 4 heures minimum. La viande doit être fondante et la sauce onctueuse. Ôtez les herbes et rectifiez l'assaisonnement. Servez la daube aussitôt avec de grosses coquillettes au beurre, accompagnées de gruyère râpé.

Pour que la daube soit encore meilleure, faites-la cuire dans une cocotte en terre ou en fonte, bien fermée, dans le four à 130 °C (th. 4) pendant 5 heures ou plus.

hachis Parmentier

Pour **6 personnes**
Préparation **45 minutes**
Cuisson **1 heure**

Purée
1,5 kg de **pommes de terre** (bintje ou bf15)
50 g de **beurre**
25 à 30 cl de **lait**
noix de muscade

Hachis
800 g de **restes de viandes** diverses (à défaut, du steak haché)
3 **échalotes**
2 c. à. s de **jus clair de rôti dégraissé**, de **bouillon** ou d'**eau**
2 c. à s. d'**huile d'olive**
70 g de **parmesan sec râpé**
sel et **poivre**

Épluchez les pommes de terre, coupez-les en morceaux réguliers et faites-les cuire dans de l'eau salée pendant 20 minutes environ. Vérifiez la cuisson en enfonçant la lame d'un couteau. Égouttez bien les pommes de terre et passez-les au presse-purée ou au tamis fin (en aucun cas au mixeur – ce qui rendrait la purée élastique et collante). Faites réchauffer à feu doux et, sans cesser de remuer vigoureusement, incorporez le beurre en parcelles, puis, petit à petit, le lait chaud jusqu'à l'obtention d'une consistance un peu plus épaisse que la normale, le passage au four ayant tendance à ramollir la purée. Salez et ajoutez une pincée de muscade. Réservez.

Ciselez les échalotes et faites-les revenir à feu doux dans l'huile. Pendant ce temps, passez la viande au hachoir à viande ou au mixer. Lorsque les échalotes sont transparentes, ajoutez le hachis et laissez dorer 6 minutes, en remuant de temps en temps.

Préchauffez le four à 200 °C (th. 6-7). Mouillez avec le jus, donnez un bouillon et ôtez du feu. Assaisonnez de sel et de poivre. Étalez dans un plat à gratin largement beurré la moitié de la purée, recouvrez de viande hachée, terminez par le reste de purée. Saupoudrez de parmesan râpé et mettez dans le four jusqu'à ce que la surface du gratin soit bien dorée.

À défaut de restes de viande ou de steak haché, utilisez de la chair de chipolata ou un talon de jambon dégraissé.

Concernant la couche à gratiner, il y a les partisans du fromage râpé et ceux de la chapelure. Un bon compromis est apporté par le parmesan qui, tout en étant goûteux, permet de couper la croûte nettement.

tournedos au poivre vert

Pour **6 personnes**
Préparation **5 minutes**
Cuisson **5 minutes**

6 **tournedos**
100 g de **poivre vert**
(au naturel ou surgelé)
25 cl de **crème fraîche**
20 g de **beurre**
sel

Saisissez les tournedos dans le beurre, 1 à 2 minutes de chaque côté suivant le degré de cuisson désiré. Salez, placez-les dans le plat de service et couvrez-les pour qu'ils se « détendent » tout en restant au chaud.

Toujours sur le feu, déglacez la poêle avec 2 cuillerées à soupe d'eau bouillante et grattez bien les sucs de cuisson. Ajoutez le poivre vert et la crème fraîche et laissez bouillonner, sans cesser de remuer, jusqu'à ce que la sauce acquière une consistance onctueuse. Salez et nappez-en les tournedos. Servez aussitôt.

Les tournedos sont des tranches de filet de bœuf bardées et ficelées. Cette qualité de viande ne souffre qu'une cuisson bleue ou saignante. Choisissez-les de toute façon assez épais.

Évitez d'utiliser du poivre vert lyophilisé, moins savoureux que le poivre surgelé ou en conserve au naturel.

entrecôtes à la bordelaise

Pour **6 personnes**
Préparation **15 minutes**
Cuisson **25 minutes**

2 ou 3 **entrecôtes** de 500 à 600 g chacune environ
6 **échalotes**
50 cl de **vin rouge de Bordeaux**
1 c. à s. d'**huile**
100 g de **beurre**
sel et **poivre**

Mettez dans une petite casserole les échalotes finement ciselées et le vin rouge et laissez réduire de moitié.

Pendant ce temps, enduisez les entrecôtes d'huile et faites-les cuire 2 à 3 minutes de chaque côté, selon leur épaisseur, pour une cuisson entre saignante et à point.

Salez la réduction d'échalotes et incorporez en fouettant le beurre, morceau par morceau. Poivrez et tenez au chaud. Lorsque la viande est cuite, découpez-la en tranches épaisses et servez rapidement avec la sauce à part et des pommes de terre sautées ou des haricots verts.

Laissez la viande reposer quelques minutes, elle sera ainsi plus juteuse et plus moelleuse.

Vous pouvez faire griller la viande sur des sarments de vigne, comme cela se pratique à Bordeaux.

L'autre nom de l'entrecôte à la bordelaise est « la côte de bœuf marchand de vin ».

steak tartare

Pour **6 personnes**
Préparation **20 minutes**

900 g de **viande de bœuf maigre** de première qualité
4 **jaunes d'œufs**
1 c. à s. de **moutarde**
2 c. à s. d'**huile d'olive**
6 **oignons nouveaux**
3 c. à s. de **câpres**
1 bouquet de **ciboulette**
2 c. à s. de **Worcestershire sauce**
sel et **poivre**

Faites hacher la viande par le boucher.

Émincez finement et séparément les oignons, les câpres et la ciboulette. Dans un saladier, mélangez la moutarde et les jaunes d'œufs puis versez l'huile en mince filet comme pour monter une mayonnaise. Ajoutez la viande, les ingrédients hachés, la sauce Worcestershire. Salez, poivrez et mélangez bien.

Répartissez la viande assaisonnée dans les assiettes et servez aussitôt avec moutardes et ketchup.
Le tartare est servi traditionnellement avec des frites et une salade verte.

La viande, une fois hachée, doit être consommée très rapidement.

Pour une présentation plus soignée, vous pouvez servir le tartare assaisonné sans jaune d'œuf dans l'assiette mais en disposant celui-ci dans sa demi-coquille au centre.

tartare à l'italienne

Assaisonnez la viande d'huile d'olive, de jus de citron et de basilic frais. Parsemez de fleur de sel et poivrez au dernier moment.

blanquette de veau

Pour **6 personnes**
Préparation **30 minutes**
Cuisson **2 h 30**

1,5 kg de **veau** pris dans le tendron, le haut de côtes et l'épaule, coupés en gros cubes
3 grosses **carottes**
4 **poireaux**
1 **oignon piqué d'un clou de girofle**
1 **bouquet garni** constitué de 3 branches de **persil**, 1 branche de **céleri**, 1 feuille de **laurier** et 1 brindille de **thym**
30 g de **beurre**
30 g de **farine**
2 **jaunes d'œufs**
25 cl de **crème fraîche épaisse**
1 **citron**
gros sel, **poivre en grains**
sel et **poivre**

Dans un grand faitout, mettez la viande rincée à l'eau fraîche, les légumes épluchés, l'oignon, le bouquet garni, quelques grains de poivre et 1 bonne cuillerée à soupe de gros sel.

Couvrez d'eau et portez à ébullition. Écumez à plusieurs reprises jusqu'à ce que le bouillon soit clair. Laissez cuire pendant 2 h 30 environ.

Peu avant de servir, faites fondre le beurre dans une petite casserole ; ajoutez aussitôt la farine. Mélangez intimement et versez 3 louches de bouillon de cuisson. Laissez bouillonner quelques instants, sans cesser de fouetter.

Dans un bol, battez ensemble la crème fraîche, les jaunes d'œufs, le jus de citron, du sel et un peu de poivre. Versez cette préparation dans la casserole et laissez épaissir.

Égouttez la blanquette et les légumes puis dressez sur un plat. Nappez de sauce ou servez-la à part avec du riz en guise d'accompagnement.

Si vous le pouvez, procédez à la cuisson la veille afin de pouvoir dégraisser le bouillon refroidi le lendemain. Pour cela, il suffit de le filtrer ou de récupérer la graisse figée à la surface.

paupiettes de veau

Pour **6 personnes**
Préparation **25 minutes**
Cuisson **40 minutes**

6 **escalopes de veau** de 100 g environ
1 kg d'**oignons nouveaux**
100 g de **poitrine fumée**
100 g de **mie de pain**
500 g de petites **carottes nouvelles**
500 g de petits **navets nouveaux**
500 g de **petits pois**
250 g de **haricots verts**
50 g de **beurre**
3 branches d'**estragon** frais
20 cl de **bouillon de viande** (ou 1 tablette de bouillon instantané)
sel et **poivre**

Hachez finement 6 petits oignons, la poitrine fumée, la mie de pain et la moitié des feuilles d'estragon. Poivrez et liez éventuellement avec une 1 cuillerée à soupe de lait pour obtenir une farce compacte. Répartissez la farce sur chaque escalope. Roulez et ficelez bien serrées les escalopes.

Faites fondre le beurre dans une grande cocotte. Faites revenir les paupiettes jusqu'à ce qu'elles soient bien dorées. Ajoutez tous les petits légumes épluchés. Mouillez avec le bouillon. Salez, poivrez. Couvrez et laissez mijoter 30 à 35 minutes, à feu doux. Ajoutez le reste d'estragon ciselé et servez aussitôt.

Si, à la fin de la cuisson, le jus dans la cocotte est trop liquide, ôtez le couvercle et prolongez la cuisson à feu vif quelques minutes.

Vous pouvez faire cuire les paupiettes dans la cocotte et les légumes à part, à la vapeur, que vous assaisonnerez d'une noisette de beurre. Vous pouvez également remplacer la jardinière par une purée de pommes de terre.

côtelettes d'agneau

Pour **6 personnes**
Préparation **30 minutes**
Cuisson **20 minutes**

12 **côtelettes d'agneau**
1,5 kg de **champignons de Paris**
60 g de **beurre**
2 c. à s. de **farine**
20 cl de **lait**
1 c. à s. **d'huile**
10 cl de **crème fraîche épaisse**
noix de muscade
sel et **poivre**

Faites revenir à feu doux dans la moitié du beurre les champignons nettoyés et émincés. Dès qu'ils ont rendu toute leur eau, égouttez-les en conservant le jus. Mixez-les pour les réduire en purée aussi fine que possible.

Faites fondre le reste du beurre dans une casserole, versez la farine et laissez cuire 2 minutes sans laisser prendre couleur. Versez le lait et le jus de cuisson des champignons. Fouettez, tout en faisant épaissir, à feu moyen. Salez, poivrez et râpez un peu de noix de muscade. Dès que la sauce est épaisse, ajoutez la purée de champignons et laissez mijoter à feu très doux.

Enduisez les côtelettes d'agneau d'un peu d'huile. Salez et poivrez les 2 faces. Faites cuire les côtelettes dans une poêle ou sur un gril en fonte, 1 min 30 environ de chaque côté, selon leur épaisseur.

Liez la purée de champignons avec la crème fraîche au dernier moment et servez avec les côtelettes d'agneau.

Faire cuire les côtelettes en deux fois car elles ne supportent pas d'attendre : le gras abondant dans cette partie de l'agneau fige rapidement en refroidissant. Plus l'agneau est jeune, plus les côtelettes sont tendres et la chair délicate.

gigot rôti des Alpilles

Pour **6 personnes**
Préparation **15 minutes**
Réfrigération **12 heures**
Cuisson **40 minutes**

1 **gigot** de 1,5 kg environ
20 gousses d'**ail**
thym, **romarin**, **origan**, **sarriette**
2 c. à s. d'**huile d'olive**
1 c. à s. de **gros sel**
sel et **poivre**

Massez bien le gigot avec l'huile d'olive. Épluchez 3 gousses d'ail et coupez-les en 2 dans le sens de la longueur. Enfoncez la lame d'un petit couteau dans la chair du gigot, retirez-la et enfoncez ½ gousse d'ail dans l'entaille. Parsemez le gigot d'herbes émiettées. Laissez reposer 12 heures au frais.

Préchauffez le four à 240 °C (th. 8). Disposez les gousses d'ail restantes autour du gigot et arrosez avec un filet d'huile. Salez, poivrez. Laissez cuire 30 minutes, éteignez le four et laissez reposer la viande 10 minutes, porte ouverte : la viande sera parfaitement rose et juteuse. Découpez le gigot en tranches et servez avec le jus de cuisson.

Vous pouvez servir le gigot soit avec des haricots verts et des tomates à la provençale, soit avec un gratin de pommes de terre.

Pour ne pas incommoder ceux qui n'apprécient pas l'ail, contentez-vous de mettre seulement les gousses autour du gigot.

navarin printanier

Pour **6 personnes**
Préparation **30 minutes**
Cuisson **30 minutes**

1,5 kg de **collier d'agneau**
350 g de petites **carottes nouvelles**
350 g de petits **navets nouveaux**
150 g de **fèves fraîches** épluchées
200 g de **petits pois frais** écossés
250 g de **haricots verts frais**
1 botte de **petits oignons nouveaux**
un peu de **bouillon** ou d'**eau**
2 branches d'**estragon** ou ½ bouquet de **cerfeuil**
70 g de **beurre**
1 c. à s. d'**huile d'olive**
1 c. à c. de **sucre**
sel et **poivre**

Épluchez tous les légumes : les carottes et les navets en les laissant entiers, les petits oignons en laissant 2 cm de vert, les fèves « dérobées », les petits pois écossés et les haricots verts coupés en petits segments.

Dans une cocotte, faites fondre l'huile d'olive et 30 g de beurre et faites-y dorer sur toutes leurs faces les morceaux de collier d'agneau. Lorsqu'ils sont bien rissolés, ajoutez les carottes, les navets, les petits oignons. Salez, poivrez, couvrez et laissez cuire à tout petit feu. Surveillez que le fond n'attache pas et ajoutez un fond d'eau ou de bouillon le cas échéant.

Pendant ce temps, faites cuire les haricots verts 7 minutes dans de l'eau bouillante salée. Égouttez et réservez. Au bout de 35 minutes de cuisson, ajoutez dans la cocotte les petits pois, la moitié de l'estragon ou du cerfeuil et le sucre ; 5 minutes plus tard, les fèves, et 5 minutes plus tard, les haricots verts. Laissez cuire encore 5 minutes et, hors du feu, ajoutez le reste d'herbes ciselées et le beurre frais. Vous pouvez remplacer la plupart des légumes par d'autres : fonds d'artichaut ou pointes d'asperge vertes.

Servez en accompagnement des petites pommes de terre nouvelles.

potée lorraine

Pour **6 personnes**
Préparation **20 minutes**
Cuisson **2 heures**

1 **palette de porc demi-sel**
250 g de **poitrine de porc** maigre fraîche
1 **saucisson** à cuire fumé
1 **chou vert**
6 petites **carottes**
6 **navets**
3 **beaux poireaux**
3 branches de **céleri**
6 **pommes de terre**
poivre en grains

Lavez et épluchez les légumes. Gardez-les entiers, sauf le chou coupé en quatre et passé sous l'eau fraîche.

Placez la palette, la poitrine, les légumes (sauf les pommes de terre) et le poivre en grains dans une marmite. Recouvrez largement d'eau froide et portez à ébullition. Laissez mijoter 2 heures à feu doux, à demi couvert.

Ajoutez, 30 minutes avant la fin de la cuisson, les pommes de terre et le saucisson fumé, piqué en différents endroits avec une aiguille.

Dressez la viande et les légumes sur un plat, et servez avec de la moutarde et des cornichons.

boudin noir aux pommes

Pour **6 personnes**
Préparation **15 minutes**
Cuisson **20 minutes**

1 kg de **boudin noir**
1,5 kg de **pommes acidulées** (reine des reinettes ou belle de Boskoop)
120 g de **beurre**
sel et **poivre**

Épluchez les pommes en conservant les quartiers entiers. Faites fondre 80 g de beurre dans une poêle et faites-y rissoler les pommes jusqu'à ce qu'elles soient tendres sans toutefois se défaire. Salez et poivrez.

Parallèlement, faites fondre le reste du beurre dans une autre poêle et mettez-y le boudin entaillé superficiellement en divers endroits pour éviter qu'il n'éclate. Faites-le cuire 20 minutes en le retournant à mi-cuisson.

Lorsque la peau est bien croustillante, dressez le boudin sur un plat de service entouré des pommes.

Choisissez du boudin « au couteau » (d'une seule pièce) qui est souvent de meilleure qualité et a l'avantage de s'enrouler dans la poêle – ce qui assure une meilleure cuisson. Vous pouvez parfumer les pommes avec une pointe de cannelle.

le vrai cassoulet toulousain

Pour **6 personnes**
Préparation **1 heure**
+ trempage **12 heures**
Cuisson **2 heures**

700 g de **haricots blancs secs** (lingots de préférence)
200 g de **couennes de porc**
500 g de **porc** (échine et travers mélangés, coupés en morceaux)
600 g d'**épaule d'agneau** découpée en cubes
400 g de **saucisse de Toulouse**
150 g de **jambon de pays**
400 g de **confit de canard** ou **d'oie**
3 **oignons**
6 gousses **d'ail**
2 **carottes**
1 **bouquet garni**
125 g de **graisse d'oie**
25 cl de **bouillon de volaille**
1 pincée de **noix de muscade**
sel et **poivre**

Faites tremper les haricots pendant 12 heures en changeant souvent l'eau et, dans une autre terrine, les couennes. Faites revenir les morceaux d'agneau dans 40 g de graisse d'oie. Lorsqu'ils sont bien dorés, ajoutez dans la cocotte 2 oignons émincés et 2 gousses d'ail entières. Salez, poivrez, mouillez avec le bouillon et laissez cuire à petit feu pendant 40 minutes. Égouttez les couennes, émincez-les et blanchissez-les 10 minutes à l'eau bouillante.

Dans une grande cocotte, faites rissoler dans 30 g de graisse d'oie les carottes et l'oignon restant coupés en rondelles, le jambon détaillé en petits dés et les morceaux de porc. Remuez fréquemment. Égouttez les haricots et mettez-les dans la cocotte avec les couennes, les gousses d'ail restantes et le bouquet garni. Mouillez avec de l'eau, 3 cm au-dessus des haricots. Salez, poivrez et ajoutez la muscade. Portez à ébullition, puis laissez frémir en écumant régulièrement pendant 45 minutes. Ajoutez alors l'agneau et le confit bien dégraissé et essuyé avec du papier absorbant. Mélangez et poursuivez la cuisson pendant encore 30 minutes. Piquez la saucisse et faites-la rissoler dans 20 g de graisse d'oie. Coupez-la en 6 morceaux.

Préchauffez le four à 200 °C (th. 6-7). Lorsque les différents éléments du cassoulet sont cuits, disposez-les dans un plat en terre en égouttant partiellement viandes et haricots à l'aide d'une écumoire. Ajoutez les morceaux de saucisse, arrosez avec 2 louches de bouillon et parsemez de noisettes du reste de graisse d'oie. Faites gratiner dans le four chaud pendant 30 minutes jusqu'à ce qu'une belle croûte se forme.

petit salé aux lentilles

Pour **6 personnes**
Trempage **24 heures**
Préparation **30 minutes**
Cuisson **3 heures**

½ palette de **porc demi-sel** de 1 kg environ
400 g de **plat de côtes** demi-sel
1 **jambonneau** demi-sel
1 **saucisson fumé** à cuire
2 **carottes**
3 **oignons**
1 branche de **céleri**
1 **bouquet garni**
2 **clous de girofle**
400 g de **lentilles**
gros sel, **poivre en grains**

Faites dessaler toutes les viandes (sauf le saucisson) pendant 24 heures dans une grande bassine d'eau froide renouvelée à plusieurs reprises.

Le jour même, blanchissez-les dans un grand faitout rempli d'eau froide portée à ébullition. Égouttez les viandes et répétez l'opération en ajoutant les légumes (réserver 1 oignon pour la cuisson des lentilles et piquez les 2 autres avec les clous de girofle), le bouquet garni et quelques grains de poivre. Mouillez à hauteur avec de l'eau froide et laissez mijoter à tout petit feu pendant 2 h 30. Faites tremper les lentilles pendant la cuisson des viandes.

Ce temps écoulé, ajoutez dans le faitout le saucisson à cuire piqué en quelques endroits avec une aiguille et poursuivez la cuisson. Égouttez les lentilles, épluchez l'oignon et réunissez-les dans une casserole remplie d'eau froide. Portez à ébullition et salez au bout de 10 minutes. Égouttez les lentilles dès qu'elles sont tendres et maintenez-les au chaud.

Dès que les viandes sont cuites, sortez-les du faitout et coupez-les en tranches. Ôtez l'oignon, versez les lentilles dans un grand plat creux et disposez les viandes par-dessus. Servez avec différentes sortes de moutardes.

poule au pot Henri IV

Pour **6 personnes**
Préparation **30 minutes**
Cuisson **1 h 30**

1 **poule** de 1,8 kg avec ses abats
200 g de **jambon de Bayonne**
75 g de **mie de pain** trempée dans 1 verre de **lait**
2 **œufs**
1 petit verre d'**armagnac**
4 **poireaux**
4 **carottes**
4 **navets**
4 **oignons**
3 **échalotes**
6 gousses d'**ail**
1 branche de **céleri**
1 **bouquet garni**
1 bouquet de **persil plat**
2 **clous de girofle**
2,5 litres de **bouillon de volaille** (ou 3 cubes de bouillon instantané)
2 c. à s. d'**huile d'olive**
sel et **poivre**

Préparez la farce : faites revenir dans l'huile 2 oignons, 2 gousses d'ail et les 3 échalotes hachés finement. Ajoutez le jambon, le foie, le gésier et le cœur de la poule grossièrement hachés. Laissez rissoler quelques minutes. Hors du feu, ajoutez la mie de pain trempée dans du lait et essorée, le persil ciselé, du sel, du poivre et enfin les œufs et l'armagnac. Mélangez intimement tous les ingrédients et introduisez cette farce à l'intérieur de la poule. Recousez soigneusement avec du fil de cuisine.

Dans une marmite, portez à ébullition 2,5 litres de bouillon, immergez la poule et laissez cuire 5 minutes. Écumez. Ajoutez ensuite 2 oignons piqués chacun de 1 clou de girofle, le bouquet garni, les gousses d'ail restantes, épluchées, et le céleri. Salez, poivrez. Couvrez et laissez cuire 1 h 30 à petit feu.

Pendant ce temps, épluchez les légumes. 45 minutes avant la fin de la cuisson, mettez les carottes et les navets et, 20 minutes après, les poireaux ficelés en bottes.

Proposez en premier service le bouillon puis la poule découpée sur un plat de service, entourée de farce et de légumes. Proposez du gros sel, des cornichons et du coulis de tomates.

Vous pouvez tout à fait supprimer la farce et servir la poule avec une vinaigrette aux herbes ou à l'huile de noix, parfumée au vinaigre de jerez et avec des noix concassées.

poularde truffée aux petits légumes

Pour **6 personnes**
Préparation **1 heure**
Cuisson **2 heures**

1 belle **poularde de Bresse** de 2,8 kg
1 grosse **truffe**
6 **carottes**
6 **navets**
6 **poireaux**
1 petite boule de **céleri-rave**
15 **oignons grelots**
300 g de **marrons au naturel**
4 litres de **bouillon de volaille** (ou 6 tablettes de bouillon instantané)
1 branche de **céleri**
1 **bouquet garni**
10 cl de **marsala**
poivre en grains

Portez 4 litres d'eau à ébullition avec les tablettes de bouillon de volaille, le bouquet garni, le marsala et quelques grains de poivre.

Coupez la truffe en lamelles et glissez ces dernières sous la peau de la poularde. Faites cuire la poularde dans le bouillon frémissant à découvert.

Pendant ce temps, épluchez tous les légumes. Au bout de 1 h 30, ajoutez dans la marmite les carottes et les navets, puis, 5 minutes plus tard, les oignons, le céleri coupé en gros dés et les poireaux. Faites cuire encore 15 à 20 minutes.

Rincez les marrons au naturel sous l'eau et faites-les réchauffer à part. Disposez la poularde découpée sur le plat de service entourée de ses légumes, et servez aussitôt.

Truffez la poularde 24 heures avant la cuisson, entourez-la d'un torchon propre puis d'un film plastique et conservez-la au frais ou au réfrigérateur ; la chair n'en sera que plus parfumée.

sauce au foie gras

Faites réduire 30 cl de crème fraîche avec 1 louche de bouillon et 1 verre de jerez pendant 5 minutes et incorporez, en fouettant, 100 g de foie gras cru ou mi-cuit coupé en petits morceaux. Ajoutez éventuellement quelques petites lamelles de truffe. Servez avec la poularde.

poulet basquaise

Pour **6 personnes**
Préparation **15 minutes**
Cuisson **1 heure**

1 gros **poulet** coupé en morceaux
2 **tomates**
1 kg de **poivrons rouges** ou **verts**
3 petits **piments verts** doux
3 **oignons**
1 gousse d'**ail**
4 c. à s. d'**huile d'olive**
1 pincée de **piment d'Espelette**
sel

Pelez, épépinez et concassez les tomates. Coupez les poivrons et les piments en lamelles après en avoir ôté les pépins. Réservez.

Épluchez les oignons et la gousse d'ail et faites-les revenir à l'huile d'olive dans une grande cocotte. Ajoutez les morceaux de poulet et dorez-les sur toutes leurs faces à feu plutôt vif. Versez les poivrons, les piments et les tomates, salez et assaisonnez avec le piment d'Espelette. Couvrez et laissez mijoter 45 à 50 minutes selon la taille des morceaux de poulet, en surveillant de temps à autre que le fond n'attache pas. Rectifiez l'assaisonnement et servez aussitôt avec du riz.

Pour donner plus de goût aux poivrons, faites-les griller au four une vingtaine de minutes puis épluchez-les.

Vous pouvez remplacer l'huile d'olive par 200 g de jambon gras de Bayonne ou de pays que vous ferez fondre en petits dés pour y faire rissoler les morceaux de poulet.

canard à l'orange

Pour **6 personnes**
Préparation **20 minutes**
Cuisson **1 h 30**

1 grosse **canette** de 2,5 kg environ
20 g de **beurre**
1 **carotte**
1 **oignon**
20 cl de **vin blanc sec**
3 **oranges** bio
1 verre de **bouillon** (ou une tablette de bouillon instantané)
sel et **poivre**

Dans une cocotte, faites dorer dans le beurre le canard sur toutes ses faces avec l'oignon émincé et la carotte coupée en fines rondelles. Salez et poivrez.

Lorsqu'il est bien coloré de tous côtés, mouillez avec le vin blanc. Au bout de 10 minutes, versez le bouillon, couvrez et laisser mijoter 1 heure.

Pendant ce temps, prélevez le zeste de 1 des oranges avec un économe ; détaillez-le en fins rubans et blanchissez-les pendant 1 minute à l'eau bouillante. Pressez le jus de l'orange sur laquelle le zeste a été prélevé. Coupez les 2 autres en fines tranches et éliminez les pépins. Au bout de 1 h 10 de cuisson, versez le jus, les zestes et les tranches d'orange dans la cocotte, mélangez délicatement et ôtez le couvercle.

Poursuivez la cuisson pendant 15 minutes à feu plus vif pour laisser réduire le jus et caraméliser les oranges et la peau du canard. Servez aussitôt avec une purée de céleri.

On peut remplacer le vin blanc par du porto ou un banyuls jeune.

magrets de canard aux cèpes

Pour **6 personnes**
Préparation **30 minutes**
Cuisson **25 minutes**

1,2 kg de **cèpes** frais
3 beaux **magrets de canard**
2 gousses d'**ail**
1 bouquet de **persil**
4 c. à s. d'**huile d'olive**
sel et **poivre**

Nettoyez bien les cèpes en évitant de les passer sous l'eau ; coupez-les en morceaux. Dans une grande poêle, faites chauffer 2 cuillerées à soupe d'huile et dès qu'elle est bien chaude, jetez-y les cèpes. Lorsqu'ils ont rejeté toute leur eau de végétation, égouttez-les.

Hachez finement l'ail et le persil. Pratiquez 3 ou 4 entailles sur la peau des magrets et faites-les cuire, côté gras, dans une autre poêle préchauffée pendant 7 minutes, à feu moyen. Jetez la graisse de cuisson, retournez les magrets et poursuivez la cuisson pendant 5 minutes. Éteignez le feu et couvrez.

Faites chauffer le reste de l'huile dans la première poêle, jetez-y les cèpes bien égouttés, ajoutez le hachis d'ail et de persil, salez, poivrez et faites rissoler quelques minutes.

Découpez les magrets en tranches, disposez-les sur le plat de service, entourés de cèpes.

Le temps de cuisson est donné pour des magrets saignants.

Hors saison, utilisez des cèpes surgelés ou en conserve ; ceux à l'huile sont les meilleurs.

lapin à la moutarde

Pour **6 personnes**
Préparation **10 minutes**
Cuisson **40 minutes**

1 **lapin** coupé en morceaux
6 tranches fines de **poitrine fumée**
3 c. à s. de **moutarde**
20 cl de **crème fleurette**
6 feuilles de **sauge**
1 c. à s. d'**huile d'olive**

Préchauffez le four à 190 °C (th. 6-7). Huilez un plat allant au four. Badigeonnez les morceaux de lapin de moutarde, posez dessus une feuille de sauge et enrobez chaque pièce avec une tranche de poitrine fumée. Disposez les morceaux dans le plat, mouillez avec 3 cuillerées à soupe d'eau et placez celui-ci dans le four. Laissez cuire pendant 35 minutes.

Sortez le plat du four et dressez le lapin sur un plat de service. Déglacez le plat avec la crème fleurette et nappez les morceaux de cette sauce. Servez avec des petites pommes de terre en robe des champs et une salade verte ou du riz complet.

poissons & coquillages

harengs marinés

Pour **6 personnes**
Préparation **20 minutes**
Cuisson **3 minutes**
Repos **48 heures**

1 kg de **harengs frais**
2 **oignons**
50 cl de **vin blanc**
1 verre de **vinaigre de vin blanc**
1 bouquet de **persil plat**
1 branche de **thym**
2 feuilles de **laurier**
poivre
gros sel

Videz et prélevez les filets des harengs. Rincez-les sous l'eau fraîche et épongez-les soigneusement. Entreposez-les dans un plat en répartissant un peu de gros sel entre chaque couche. Laissez-les reposer au frais pendant 2 heures.

Essuyez les filets de poisson pour les débarrasser du sel. Émincez les oignons et répartissez-en une couche dans une terrine avec le persil ciselé, le thym, le laurier et un peu de poivre moulu grossièrement. Couvrez avec des filets de hareng et continuez en alternant poisson et garniture aromatique.

Portez le vin blanc et le vinaigre à ébullition pendant quelques minutes et versez le mélange bouillant dans la terrine. Faites refroidir puis couvrez. Laissez mariner 48 heures au frais avant de servir avec de la crème fraîche ou des pommes de terre.

thon aux oignons de Saint-Jean-de-Luz

Pour **6 personnes**
Préparation **20 minutes**
Cuisson **1 heure**

1 tranche de **thon blanc** de 1,2 kg
1 kg d'**oignons blancs**
1 gousse d'**ail**
2 c. à s. de **vinaigre**
1 pincée de **sucre**
3 c. à s. d'**huile d'olive**
sel et **poivre**

Épluchez les oignons et émincez-les très finement. Dans une cocotte, faites-les fondre dans la moitié de l'huile d'olive pendant 30 minutes à feu très doux jusqu'à ce qu'ils soient transparents. Ajoutez le sucre et le vinaigre. Salez, poivrez.

Faites poêler dans une autre cocotte la tranche de thon avec sa peau, néanmoins débarrassée de ses éventuelles écailles, et piquée de la gousse d'ail comme un rôti.

Quand la tranche a une belle couleur dorée, posez-la dans la cocotte aux oignons. Laissez cuire 30 minutes environ à feu très doux, en la retournant à mi-cuisson. Servez le thon entouré de compote d'oignons avec du riz blanc.

Vous pouvez également utiliser de la bonite, d'un diamètre plus modeste mais dont la chair est plus fine.

brandade de morue

Pour **6 personnes**
Préparation **30 minutes**
+ dessalage **24 heures**
Cuisson **20 minutes**

1 kg de **morue salée**
25 cl de **crème fleurette**
25 cl de **lait**
12 fines tranches de **baguette**
15 cl **d'huile d'olive**
2 feuilles de **laurier**
sel et **poivre**

Mettez la morue à dessaler dans de l'eau fraîche changée à plusieurs reprises pendant 24 heures.

Coupez-la en morceaux et faites-les pocher à feu doux pendant 10 minutes dans le lait additionné de 25 cl d'eau et parfumé avec les feuilles de laurier. Égouttez, ôtez la peau et les arêtes et effeuillez la morue.

Faites chauffer la moitié de l'huile d'olive et ajoutez les lamelles de morue en travaillant bien pour obtenir une pâte homogène. Ajoutez la crème fleurette chauffée : l'ensemble doit former une purée.

Faites frire les tranches de baguette dans le reste de l'huile d'olive. Servez la brandade dans un plat creux, décorée avec les croûtons et des olives noires.

aïoli à la provençale

Pour **6 personnes**
Préparation **1 heure**
+ dessalage **24 heures**
Cuisson **1 heure**

6 gousses **d'ail**
2 **jaunes d'œufs**
50 cl d'**huile d'olive**
1,2 kg de **morue**
500 g de **haricots mangetout**
500 g de **haricots d'Espagne**
1 **chou-fleur**
6 **œufs durs**
6 **artichauts**
6 petites **tomates**
6 **carottes**
3 bulbes de **fenouil**
2 feuilles de **laurier**
sel

Préparez l'aïoli : dans un mortier, si possible en marbre ou en porcelaine, écrasez les gousses d'ail épluchées.

Ajoutez les 2 jaunes d'œufs et environ 1 cuillerée à café de sel. Mélangez et versez l'huile d'olive goutte à goutte pour faire monter la sauce. Si la sauce est trop épaisse, ajoutez, toujours en tournant, 2 à 3 cuillerées à soupe d'eau tiède.

Faites cuire tous les légumes à l'eau bouillante salée après les avoir épluchés :
– le fenouil entier 20 minutes puis coupez-le en quatre ;
– le chou-fleur détaillé en petits bouquets pendant 10 minutes ;
– les carottes entières 20 à 30 minutes selon leur grosseur ;
– les artichauts 30 à 40 minutes selon leur grosseur ;
– les mangetout 6 minutes ;
– les haricots d'Espagne 15 minutes.

Laissez les tomates crues entières.

Faites cuire la morue après l'avoir fait dessaler 24 heures en renouvelant l'eau aussi souvent que possible, 20 minutes dans une eau frémissante avec 2 feuilles de laurier. Égouttez et gardez au chaud.

Dans un grand plat, dressez tous les légumes tièdes, la morue au centre et les œufs autour. Servez l'aïoli à part.

saumon à l'unilatérale

Pour **6 personnes**
Préparation **5 minutes**
Cuisson **8 minutes**

6 pavés de **saumon** de 150 g chacun
½ **citron**
4 c. à s. d'**huile d'olive**
gros sel et **poivre**

Demandez au poissonnier de préparer les pavés de saumon en conservant la peau d'un seul côté. Il n'est pas nécessaire d'ôter les écailles.

Salez-les côté chair. Faites chauffer une grande poêle à revêtement antiadhésif. Faites cuire les pavés de saumon, côté peau, 2 minutes à feu vif. Baissez le feu et poursuivez la cuisson 5 minutes environ jusqu'à ce que les pavés soient cuits à la moitié de leur hauteur. Couvrez et laissez reposer 1 minute. Égouttez sur du papier absorbant et servez aussitôt parsemé de gros sel et de poivre moulu.

Le saumon cuit de cette manière est à la fois croustillant et moelleux. La poêle antiadhésive est indispensable pour préserver la peau du saumon qui attacherait facilement sur une autre poêle.

Vous pouvez servir le saumon avec un assortiment de légumes verts cuits à la vapeur et de la purée de pommes de terre à l'huile d'olive.

lotte à l'armoricaine

Pour **6 personnes**
Préparation **40 minutes**
Cuisson **25 minutes**

1,2 kg de queues de petites **lottes**
10 **langoustines**
500 g de **tomates**
4 **échalotes**
1 gousse d'**ail**
4 brins de **persil plat**
6 brins d'**estragon**
3 c. à s. d'**huile d'olive**
3 c. à s. de **crème épaisse**
5 cl de **cognac**
50 cl de **vin blanc sec**
1 **bouquet garni**
1 **sucre** en morceau
piment de Cayenne
sel et **poivre**

Épluchez les langoustines à cru et ne gardez pour la recette que les têtes et les carapaces.

Pelez, épépinez et coupez les tomates en gros morceaux. Hachez menu les échalotes, la gousse d'ail, les feuilles de persil et celles d'estragon.

Rincez les queues de lotte à l'eau fraîche, épongez-les et coupez-les en grosses tranches. Chauffez l'huile dans une cocotte et faites-y revenir les têtes et les carapaces de langoustine et les tranches de lotte. Laissez-les dorer quelques minutes puis ajoutez les échalotes. Versez le cognac et flambez le contenu de la cocotte. Ajoutez l'ail, les herbes, les tomates, le bouquet garni, le sucre, le vin blanc sans oublier d'assaisonner de sel, poivre et piment de Cayenne. Couvrez et laissez mijoter 15 minutes.

Égouttez le poisson avec une écumoire et maintenez-le au chaud. Passez la sauce au tamis fin, en foulant bien pour en extraire tous les sucs. Ajoutez la crème épaisse et donnez un bouillon. Réchauffez le poisson dans la sauce.

Servez aussitôt avec du riz blanc.

rougets à la niçoise

Pour **6 personnes**
Préparation **20 minutes**
Cuisson **10 minutes**

12 **rougets barbets** de 100 g chacun
100 g de **tapenade**
3 brins de **persil**
3 brins de **basilic frais**
6 feuilles de **sauge**
sel et **poivre**

Demandez au poissonnier de préparer les rougets en les vidant mais en mettant les foies de côté. Coupez ceux-ci en petits dés, malaxez-les avec la tapenade, les herbes hachées, salez et poivrez. Répartissez cette farce à l'intérieur des poissons, refermez-les et aplatissez-les avec la paume de la main pour que la farce adhère à la chair.

Enveloppez chaque rouget dans du papier d'aluminium. Faites-les cuire sous le gril du four 5 minutes de chaque côté. Débarrassez les rougets de leur papillote avant de les servir chauds ou froids. Les rougets, ainsi protégés, peuvent être cuits au barbecue ou à la braise. Vous pouvez ajouter dans la farce 2 ou 3 anchois à l'huile.

bar en croûte de sel

Pour **6 personnes**
Préparation **15 minutes**
Cuisson **45 minutes**

- 1 **bar** de 1,3 kg environ
- 2 kg de **gros sel gris**
- 2 blancs d'**œufs**
- 2 branches de **fenouil sauvage**

Demandez au poissonnier de vider le bar mais de ne pas de l'écailler : la peau protège la chair pendant la cuisson en l'empêchant de se dessécher et d'être en contact direct avec le sel. En outre, elle sera plus facile à enlever.

Préchauffez le four à 210 °C (th. 7).

Mélangez les blancs d'œufs au gros sel. Introduisez dans le ventre du bar les branches de fenouil. Faites un lit de gros sel dans un grand plat, posez le poisson dessus et recouvrez-le hermétiquement du reste du sel. Faites cuire pendant 45 minutes. Il est évidemment difficile de vérifier si la cuisson est à point, mais prolongez-la si vous avez une aversion totale pour le poisson rosé à l'arête.

Apportez le bar à table et cassez la croûte de sel devant les convives. Servez avec une sauce à base de crème fleurette à laquelle vous ajouterez 1 cuillerée à soupe de pastis, des pommes de terre vapeur et des fenouils braisés.

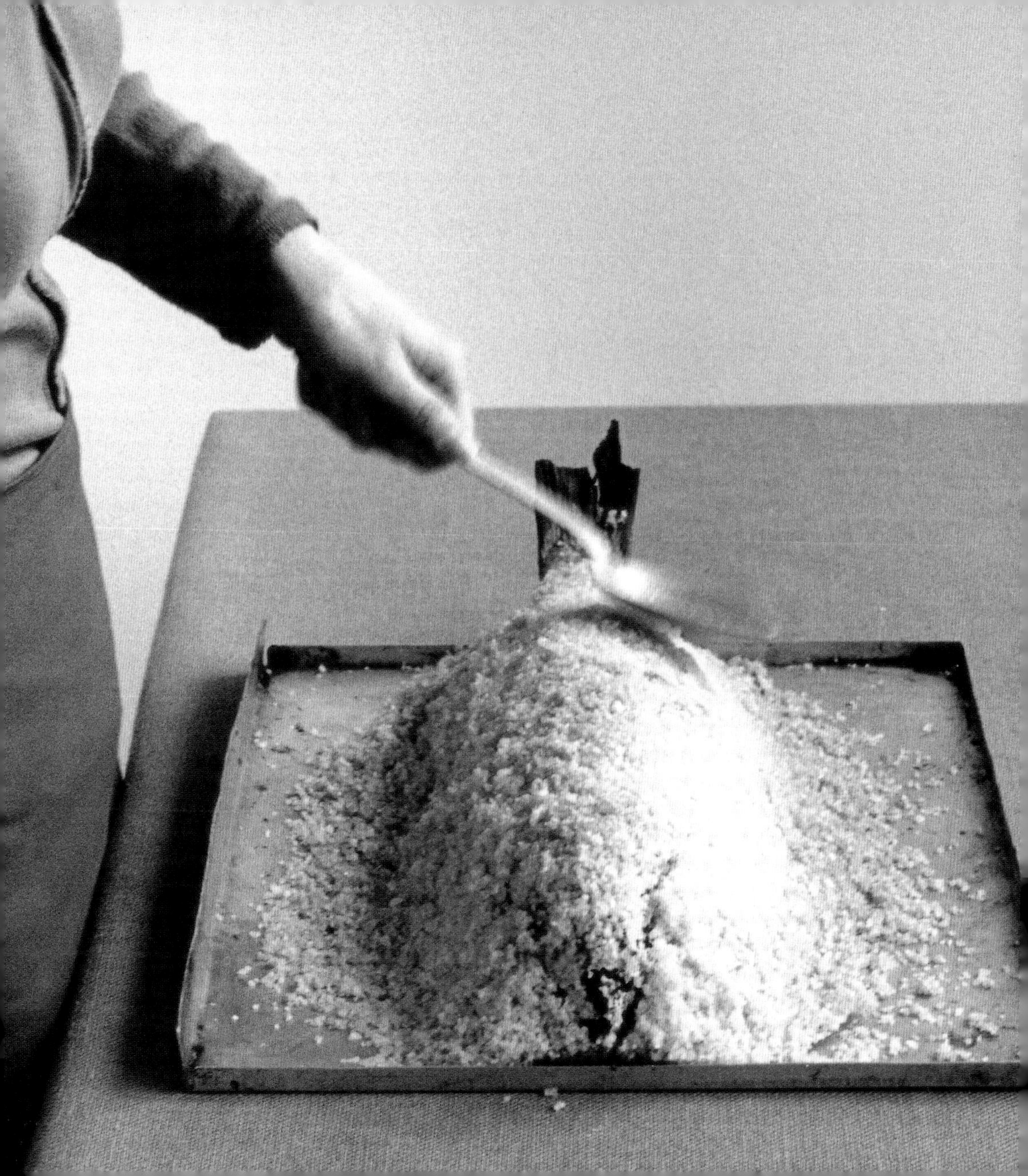

raie aux câpres

Pour **6 personnes**
Préparation **20 minutes**
Cuisson **15 minutes**

2 kg d'ailes de **raie**
1 **oignon piqué d'un clou de girofle**
10 grains de **poivre**
1 **bouquet garni**
½ verre de **vinaigre**
1 **échalote**
120 g de **beurre**
60 g de **câpres**
1 c. à s. de **gros sel**
sel et **poivre**

Lavez la raie sous l'eau fraîche et coupez-la en 6 morceaux. Mettez-la dans une cocotte avec l'oignon, les grains de poivre, le sel, le bouquet garni et le vinaigre, recouvrez d'eau et portez à ébullition. Ôtez du feu.

Laissez refroidir les morceaux de raie dans leur jus de cuisson et ôtez leur peau.

Faites fondre le beurre avec l'échalote émincée très finement ; lorsque celle-ci est transparente, ajoutez et réchauffez tout doucement la raie et les câpres égouttées et rincées ou dessalées. Servez aussitôt avec des pommes de terre vapeur.

Il est préférable d'utiliser des câpres au sel dont l'arôme n'est pas dénaturé par le vinaigre ou la saumure.

filets de sole aux herbes

Pour **6 personnes**
Préparation **10 minutes**
Cuisson **12 minutes**

12 filets de **sole** de 100 g environ
2 **échalotes**
40 g de **beurre**
20 cl de **crème fraîche**
quelques brins de **ciboulette** ciselée
quelques brins de **cerfeuil** ciselé
quelques brins de **persil plat** ciselé
sel et **poivre**

Demandez au poissonnier de lever les filets de sole. Roulez-les sur eux-mêmes et disposez-les dans un plat à four beurré avec les échalotes hachées, parsemées de noisettes de beurre, assaisonnez. Glissez le plat dans le four préchauffé à 180 °C (th. 6) 10 minutes. Ôtez le plat et ajoutez la crème fraîche et les herbes. Remettez dans le four pendant 2 minutes.

Dressez les filets de sole sur un plat et servez aussitôt avec des tagliatelles ou du riz.

filets de maquereau marinés au citron

Pour **6 personnes**
Préparation **10 minutes**
Marinade **1 heure**
Cuisson **10 minutes**

6 **maquereaux**
3 **citrons**
2 c. à s. d'**huile d'olive**
2 c. à c. de graines de **coriandre**
3 brins de **romarin**
sel, poivre grossièrement concassé

Faites lever les maquereaux en filets par le poissonnier. Rincez-les et essuyez-les sur du papier absorbant.

Pressez le jus des citrons et versez-le dans un plat creux avec l'huile d'olive, les graines de coriandre écrasées et le romarin. Faites-y mariner les maquereaux pendant au moins 1 heure au frais.

Égouttez les filets et épongez-les avec du papier absorbant. Faites chauffer une poêle à revêtement antiadhésif et faites-y cuire le poisson 2 à 3 minutes de chaque côté, sans matière grasse. Si vous le souhaitez, vous pouvez faire réduire la marinade récupérée, la filtrer et la servir en sauce d'accompagnement avec des pommes de terre au four ou sous la cendre.

Cette recette est une façon très digeste de manger du maquereau – poisson économique par ailleurs et excellent pour la santé.

calamars à la mode de l'Estaque

Pour **6 personnes**
Préparation **15 minutes**
Cuisson **35 minutes**

1 kg de **calamars** nettoyés et débarrassés de leur encre
1 kg de **tomates**
3 **oignons**
2 c. à s. d'**huile d'olive**
1 bouquet de **persil plat**
thym, **romarin**, **laurier**
sel et **poivre**

Faites revenir dans l'huile les oignons émincés pendant 5 minutes. Ajoutez les calamars et faites-les revenir à feu vif pendant 3 minutes. Ajoutez les tomates pelées, épépinées et concassées, le persil haché finement, le thym, le laurier et le romarin, le sel et le poivre.

Couvrez et laissez mijoter 30 minutes à feu doux. Servez aussitôt avec du riz nature.

On peut enrichir la sauce de petites olives noires dénoyautées. Si les calamars sont trop gros, coupez-les en tronçons.

toro basque

Pour **6 personnes**
Préparation **45 minutes**
Cuisson **3 heures**

1,5 kg de **poissons divers** coupés en tranches (réservez les têtes et les parures)
1 litre de **moules**
10 **langoustines**
1 kg de **tomates**
600 g de **pommes de terre**
2 **carottes**
2 petits **piments doux verts**
½ c. à c. de **piment d'Espelette** séché
2 **oignons**
2 gousses d'**ail**
15 cl de **vin blanc**
4 c. à s. d'**huile d'olive**
1 **bouquet garni**
1 pincée de **safran**
sel et **poivre**

Confectionnez un fumet avec les carottes épluchées, coupées en rondelles, et les parures de poisson que vous faites revenir à feu doux dans 2 cuillerées à soupe d'huile pendant 10 minutes. Mouillez avec le vin blanc, 2,5 litres d'eau et ajoutez le bouquet garni. Couvrez et laissez mijoter pendant 1 h 30.

Faites revenir les oignons émincés finement dans le reste de l'huile. Ajoutez les tomates pelées, épépinées et coupées en morceaux, les piments doux et les deux gousses d'ail écrasés. Laissez cuire une dizaine de minutes et mouillez avec 1 litre d'eau. Poursuivez à feu doux pendant 1 heure.

Faites cuire les pommes de terre à part dans de l'eau salée.

Nettoyez les moules et rincez les langoustines. Faites cuire ces dernières sous le gril du four. Passez le fumet au chinois en pressant bien pour en exprimer tout le jus. Mixez la soupe à la tomate et réunissez les deux liquides dans une marmite. Salez et ajoutez le piment d'Espelette et le safran. Réchauffez la soupe et, lorsqu'elle frémit, pochez-y les tranches de poisson. Après 7 minutes, introduisez les pommes de terre et les langoustines et, quelques minutes plus tard, les moules. Lorsque celles-ci sont ouvertes, le toro est prêt.

bouillabaisse

Pour **6 personnes**
Préparation **40 minutes**
Cuisson **30 minutes**

3 kg de **poissons méditerranéens** (rascasse, daurade, congre, baudroie, bar, rouget, crabes, langoustines…)
2 **oignons**
2 gousses d'**ail**
1 branche de **céleri**
3 **tomates**
2 **pommes de terre**
1 **zeste d'orange**
2 doses de **safran**
1 feuille de **laurier**
thym
2 branches de **fenouil**
4 c. à s. d'**huile d'olive**
3 litres de **fumet de poisson** confectionné avec, de préférence, des petits poissons de roche
sel et **poivre**

Rouille
6 gousses d'**ail**
1 **jaune d'œuf**
1 dose de **safran**
1 tranche de **pain**
1 pincée de **piment**
25 cl d'**huile d'olive**

Préparez, nettoyez les poissons et coupez-les en morceaux réguliers pour qu'ils puissent entrer dans le faitout.

Faites revenir dans 2 cuillerées à soupe d'huile les oignons et l'ail émincés, le céleri, les tomates et les pommes de terre pelées et coupées en morceaux. Ajoutez le zeste d'orange, le safran, le laurier, le thym, le fenouil ; versez le fumet de poisson, salez, poivrez et laissez cuire 20 minutes. Ajoutez les poissons à chair ferme et, 5 minutes après, les autres poissons et les crustacés. Laissez cuire encore 3 minutes à gros bouillons.

Pendant la cuisson, préparez la rouille. Passez au mixeur les gousses d'ail avec la tranche de pain écroûtée et trempée dans le bouillon, les épices et le jaune d'œuf. Montez ensuite la rouille comme une mayonnaise avec l'huile d'olive.

Ôtez les poissons et gardez-les au chaud dans le plat de service. Retirez les herbes, ajoutez le reste de l'huile, goûtez pour vérifier l'assaisonnement. Laissez bouillir encore 2 minutes et versez sur les poissons.

Servez avec des croûtons de pain grillé, du fromage râpé et la rouille. Mangez, à votre convenance, tout en même temps ou la soupe à part.

Il est préférable de se procurer des poissons locaux pour confectionner une bouillabaisse car de leur choix dépend la réussite du plat.

mouclade

Pour **6 personnes**
Préparation **30 minutes**
Cuisson **30 minutes**

1,5 kg de **moules de bouchot**
2 **échalotes**
50 g de **beurre**
15 cl de **crème fraîche**
2 **jaunes d'œufs**
1 verre de **pineau**
1 c. à c. de **curry**
sel et **poivre**

Lavez, nettoyez les moules et mettez-les dans une casserole sur feu vif pour les ouvrir, en secouant la casserole de temps en temps.

Une fois cuites, ôtez pour chacune une seule coquille, laissez la moule dans l'autre coquille et rangez les moules côte à côte dans un plat à four, la coquille sur le fond. Filtrez le jus des moules.

Dans un bol, mélangez les jaunes d'œufs avec 1 cuillerée à soupe de crème.

Dans une casserole, faites blondir les échalotes hachées dans le beurre, versez le jus des moules, ajoutez le curry, le pineau, le reste de la crème. Salez, poivrez et laissez cuire 20 à 30 minutes jusqu'à ce que la sauce soit onctueuse.

Préchauffez le four à 210 °C (th. 7). Hors du feu, mélangez les jaunes d'œufs avec la sauce et versez sur les moules. Faites cuire 5 minutes au four.

moules marinière

Pour **6 personnes**
Préparation **15 minutes**
Cuisson **10 minutes**

3 litres de **moules**
4 **échalotes**
1 verre de **vin blanc**
2 brindilles de **thym**
6 brins de **persil** haché finement
20 cl de **crème fraîche**
poivre

Lavez et grattez les moules. Placez-les dans une cocotte avec le vin blanc, les échalotes hachées, le thym et du poivre moulu. Faites chauffer à feu assez vif, couvrez et laissez cuire 5 minutes environ jusqu'à ce que toutes les moules soient ouvertes.

Sortez les moules avec une écumoire et transvasez-les dans un plat. Filtrez le jus de cuisson pour éliminer sable et morceaux de coquille et reversez-le dans la cocotte. Faites réduire à feu vif pendant 5 minutes, ajoutez la crème fraîche puis les moules et, enfin, le persil. Servez sans attendre.

homard rôti au beurre d'estragon

Pour **6 personnes**
Préparation **15 minutes**
Cuisson **20 minutes**

3 **homards vivants** de 600 à 700 g
100 g de **beurre**
4 branches d'**estragon**
sel et **poivre**

Détachez les pinces du corps des homards et plongez le tout dans une grande marmite d'eau bouillante salée. Laissez cuire 4 minutes. Ôtez alors seulement les homards et laissez cuire les pinces 4 minutes de plus.

Retirez la marmite du feu et laissez les pinces dans l'eau bouillante. Fendez les homards en deux. Disposez-les dans un plat, la chair sur le dessus, enduisez-les de beurre fondu, salez et poivrez. Faites griller doucement pendant 5 minutes les moitiés de homard, sous le gril du four, en les enduisant à une ou à deux reprises de beurre fondu.

Pendant ce temps, brisez les pinces avec un casse-noix, décortiquez-les et disposez-les sur le plat de service. Placez à côté les demi-homards arrosés de beurre fondu parfumé avec les feuilles d'estragon ciselées. Servez avec du riz basmati.

Il est préférable de fendre les homards vivants en deux et de les faire griller dans le four sans les avoir fait cuire au préalable à l'eau, mais il faut du courage ! Vous pouvez remplacer les homards par des langoustes.

coquilles Saint-Jacques au safran

Pour **6 personnes**
Préparation **15 minutes**
Cuisson **20 minutes**

24 **coquilles Saint-Jacques** décortiquées et nettoyées
1 kg de petites **asperges vertes**
50 g de **beurre**
1 **échalote**
2 pincées de **safran** en poudre
1 c. à s. de **noilly**
20 cl de **crème fraîche épaisse**
sel et **poivre**

Épluchez les asperges en ne conservant que 10 cm de pointe. Faites-les cuire 8 minutes environ dans une grande quantité d'eau bouillante salée. Égouttez-les et tenez-les au chaud.

Dans une poêle, faites fondre l'échalote dans le beurre à feu doux. Ajoutez les noix et les coraux de Saint-Jacques ainsi que le safran en poudre. Salez, retournez les noix et laissez étuver 2 minutes. Ajoutez le noilly et la crème fraîche et laissez mijoter encore 4 minutes. Poivrez et ajoutez les pointes d'asperge, juste pour les réchauffer. Servez aussitôt.

Le temps de cuisson des asperges dépend de leur taille. Pour vérifier la cuisson, piquez-les avec un couteau qui doit s'enfoncer sans peine dans la tige. Vous pouvez remplacer le noilly par tout autre vin cuit.

pâtes & pommes de terre

gratin de macaronis à la lyonnaise

Pour **6 personnes**
Préparation **10 minutes**
Cuisson **40 minutes**

400 g de **macaronis**
100 g d'**emmental**
70 g de **parmesan** fraîchement râpé
25 cl de **crème fraîche**
60 g de **beurre**
noix de muscade
sel et **poivre**

Portez une grande quantité d'eau salée à ébullition et jetez-y les macaronis. Laissez-les cuire jusqu'à ce qu'ils soient al dente. Égouttez-les.

Préchauffez le four à 200 °C (th. 6-7). Coupez l'emmental à l'aide d'un économe et beurrez un plat à gratin. Mettez les macaronis dans une casserole avec la crème fraîche, la noix de muscade râpée, du sel modérément et du poivre. Faites chauffer à feu doux.

Versez la moitié des macaronis dans le plat à gratin, répartissez par-dessus la moitié des deux fromages, recouvrez avec le reste des macaronis et parsemez le fromage restant. Disposez çà et là des petites noisettes de beurre et placez dans le four chaud pendant 25 à 30 minutes.

lasagnes au four

Pour **6 personnes**
Préparation **1 h 15**
Cuisson **2 heures**

400 g de **pâte à lasagnes** prête à l'emploi
50 cl de **béchamel** (préparée avec 50 cl de lait, 40 g de beurre et 40 g de farine)
120 g de **parmesan** râpé
60 g de **beurre**

Sauce bolognaise
400 g de **bœuf à braiser**
300 g de **noix de veau**
300 g de **lard maigre demi-sel**
4 **carottes**
2 **oignons**
2 branches de **céleri**
6 **tomates**
4 c. à s. de **concentré de tomates**
30 cl de **vin rouge**
8 c. à s. d'**huile d'olive**
sel et **poivre**

Préparez la sauce bolognaise. Hachez finement et séparément le bœuf, le veau, le lard et les légumes (carottes, céleri, oignons). Faites fondre dans une petite cocotte l'huile, le lard et les légumes. Ajoutez le veau puis le bœuf en mélangeant à chaque fois. Pelez, épépinez et concassez les tomates en conservant le plus de jus possible, et versez le tout dans la cocotte. Mouillez avec le vin. Diluez le concentré de tomates dans 60 cl d'eau chaude et versez-le dans la cocotte. Salez, poivrez. Couvrez et laissez mijoter pendant 1 h 30.

Préchauffez le four à 200 °C (th. 7).

Beurrez un plat à gratin. Disposez une fine couche de sauce bolognaise, recouvrez avec une couche de pâte, versez à nouveau un peu de sauce bolognaise, une couche de béchamel, une nouvelle couche de pâte, et ainsi de suite jusqu'à épuisement des ingrédients, en terminant par une couche de béchamel et de parmesan râpé. Parsemez de noisettes de beurre.

Faites gratiner pendant 20 à 25 minutes au four jusqu'à ce que la surface soit bien dorée. Servez brûlant.

lasagnes jambon-épinards

Remplacez la sauce bolognaise par des épinards à la crème que vous intercalerez avec des feuilles de pâte et des tranches de jambon cuit. Si vous souhaitez une sauce plus dense, prolongez la cuisson après avoir ôté le couvercle.

aligot de l'Aubrac

Pour **6 personnes**
Préparation **30 minutes**
Cuisson **45 minutes**

1,5 kg de **pommes de terre** (bintje ou bf15)
500 g de **tomme** fraîche pour aligot
50 cl de **crème fraîche**
1 gousse d'**ail**
sel

Épluchez les pommes de terre, coupez-les en morceaux réguliers et faites-les cuire dans de l'eau salée pendant 30 minutes environ. Vérifiez la cuisson en enfonçant la lame d'un couteau.

Pendant ce temps, coupez la tomme en petites lamelles ; placez-les sur une assiette près du feu.

Égouttez soigneusement les pommes de terre. Passez-les au presse-purée. Mettez la purée sur feu doux, et sans cesser de remuer vigoureusement, ajoutez l'ail finement haché et la crème fraîche chauffée. Incorporez rapidement la tomme fraîche en fouettant l'aligot jusqu'à ce que la tomme soit fondue. L'aligot, lisse et homogène, doit filer. Servez aussitôt car il n'attend pas.

gratin dauphinois

Pour **6 personnes**
Préparation **20 minutes**
Cuisson **1 h 20**

1,5 kg de **pommes de terre charlotte**
1 gousse d'**ail**
30 cl de **crème fleurette**
60 g de **beurre**
sel et **poivre**

Épluchez les pommes de terre et coupez-les en tranches aussi fines que possible, idéalement à la mandoline. Épongez le jus rendu.

Préchauffez le four à 150 °C (th. 5). Frottez un plat à gratin en terre avec la gousse d'ail fendue en 2 et beurrez-le largement. Répartissez au fond du plat une couche de pommes de terre, salez, poivrez et versez une petite quantité de crème. Répétez l'opération et montez ainsi le gratin jusqu'à expiration des ingrédients, les pommes de terre devant disparaître sous la crème. Parsemez de petites noisettes de beurre et mettez dans le four chaud pendant une bonne heure, puis augmentez la température de 30 °C pendant les dernières 20 minutes.

Servez directement dans le plat aussitôt qu'une belle couche dorée s'est formée.

Il vaut mieux prévoir un plat en terre assez grand pour permettre à la crème de recouvrir complètement les pommes de terre. L'usage de fromage râpé est totalement hérétique.

pommes sarladaises

Pour **6 personnes**
Préparation **25 minutes**
Cuisson **45 minutes**

1,5 kg de **pommes de terre nouvelles**
2 gousses d'**ail**
6 branches de **persil plat**
3 c. à s. de **graisse d'oie**
sel et **poivre**

Épluchez les pommes de terre et coupez-les en tranches d'environ 0,5 cm d'épaisseur. Faites fondre la graisse d'oie dans une grande sauteuse et lorsqu'elle est bien chaude, jetez-y les pommes de terre. Faites-les dorer en remuant de temps en temps, à feu moyen, pendant 20 minutes. Hachez l'ail et le persil finement. Saupoudrez ce hachis sur les pommes de terre, mélangez bien et poursuivez la cuisson, à demi couvert, pendant 20 minutes.

Découvrez et augmentez le feu afin que les pommes de terre soient bien croustillantes. Versez le contenu de la sauteuse dans un plat chaud et servez immédiatement.

Vous pouvez utiliser de la graisse de canard récupérée dans un confit mais aussi celle qui entoure le foie gras.

bibelskäse

Pour **6 personnes**
Préparation **30 minutes**
Cuisson **30 à 40 minutes**

1 kg de très bon **fromage blanc de campagne**
1 kg de **pommes de terre** rustiques de consommation courante (bf15, manon…)
½ botte de **ciboulette**
5 brins de **persil plat**
½ botte de **cerfeuil**
3 brins d'**estragon**
2 **échalotes**
sel et **poivre**

Préchauffez le four à 180 °C (th. 6). Choisissez des pommes de terre d'un calibre identique. Lavez-les et séchez-les. Enrobez chacune de papier d'aluminium et faites-les cuire 30 à 40 minutes (suivant leur taille) dans le four.

Coupez toutes les herbes, sans les mélanger. Hachez les échalotes et dressez le tout dans des petites coupelles. Renversez le fromage blanc dans un plat creux.

Sortez les pommes de terre du four lorsqu'elles sont cuites (elles sont cuites quand une lame de couteau les transperce sans peine) et disposez-les dans une corbeille garnie d'une serviette pour les maintenir au chaud. Proposez en même temps tous les ingrédients que chacun assaisonnera à sa convenance.

légumes

artichauts à la barigoule

Pour **6 personnes**
Préparation **45 minutes**
Cuisson **2 heures**

une vingtaine de petits **artichauts poivrade**
2 **carottes**
4 **oignons**
4 **échalotes**
2 **citrons**
30 cl de **vin blanc sec**
4 c. à s. d'**huile d'olive**
quelques graines de **coriandre**
sel et **poivre**

Préparez une bassine d'eau citronnée avec les citrons pressés.

Épluchez les artichauts : coupez les feuilles dures autour de la queue et cassez celle-ci pour entraîner la totalité des fibres prenant naissance dans les fonds ; coupez avec des ciseaux le reste des feuilles pour n'en conserver que 3 cm de hauteur, et arrachez au centre les plus petites et le foin éventuel. Plongez-les au fur et à mesure dans la bassine d'eau citronnée.

Préchauffez le four à 150 °C (th. 5).

Émincez le reste des légumes. Versez 2 cuillerées à soupe d'huile dans une cocotte allant au four et disposez les légumes sur le fond d'huile. Calez les artichauts sur le lit de légumes et mouillez avec le vin blanc, 30 cl d'eau et le reste d'huile d'olive. Assaisonnez avec les graines de coriandre écrasées, du sel et du poivre. Couvrez la cocotte et glissez-la dans le four pendant 2 heures. Servez les artichauts avec la garniture mais sans le jus de cuisson.

Cet accompagnement peut se déguster chaud ou froid.

carottes Vichy

Pour **6 personnes**
Préparation **10 minutes**
Cuisson **45 minutes**

1 kg de **carottes**
le **jus** de 1 **citron**
50 g de **beurre**
1 morceau de **sucre roux**
3 branches de **persil plat**
sel

Épluchez les carottes et coupez-les en rondelles. Dans une casserole, mettez, dans l'ordre, la moitié du beurre, les carottes, le jus de citron, le sucre et un peu de sel. Couvrez et démarrez la cuisson à tout petit feu pour faire suer les carottes en secouant régulièrement la casserole et en surveillant que le fond n'attache pas. Le couvercle doit être bien ajusté.

Au bout de 15 minutes, ajoutez 10 cl d'eau et prolongez la cuisson pendant environ 25 à 30 minutes jusqu'à ce que les carottes soient tendres sans pour autant se défaire. Avant de servir, ajoutez le reste de beurre et saupoudrez de persil haché.

endives braisées

Procédez de la même façon que pour les carottes ci-dessus. La cuisson est plus longue (comptez 1 heure) et supprimez le sucre et le jus de citron.

gratin de blettes

Pour **6 personnes**
Préparation **35 minutes**
Cuisson **45 minutes**

1 botte de **blettes** (environ 1,2 kg)
1 c. à s. de **farine**
40 g de **beurre**
150 g de **gruyère** ou d'**emmental** râpé

Béchamel
60 g de **farine**
60 g de **beurre**
75 cl de **lait**
noix de muscade
sel et **poivre**

Lavez et séchez les blettes. Séparez les côtes des feuilles et réservez celles-ci pour un autre usage. Portez une grande quantité d'eau légèrement salée à ébullition – les blettes ayant la faculté d'absorber le sel – dans laquelle vous aurez délayé la farine. Coupez les côtes en petits tronçons et jetez-les dans l'eau bouillante. Laissez-les cuire 5 à 10 minutes jusqu'à ce qu'elles soient transparentes. Égouttez-les soigneusement en secouant la passoire afin que toute l'eau s'en aille.

Pendant ce temps, confectionnez une béchamel (voir recette page 13) un peu épaisse avec la farine, le beurre et le lait. Assaisonnez-la de sel, de poivre et de noix de muscade.

Préchauffez le four à 200 °C (th. 7). Mélangez la béchamel avec les côtes de blettes et la moitié du fromage râpé et répartissez le mélange dans un plat à gratin. Parsemez le reste du fromage et des petites noisettes de beurre. Mettez dans le four chaud pendant 25 minutes jusqu'à ce que la surface soit bien gratinée.

En suivant le même principe, vous pouvez faire un gratin de chou-fleur ou de brocolis, d'endives ou de poireaux au jambon en faisant cuire les légumes à la vapeur au préalable.

chou farci

Pour **6 personnes**
Préparation **1 heure**
Cuisson **2 h 15**

1 beau **chou vert**
250 g de **restes de viande rôtie**
200 g de **chair à saucisse**
1 tranche de **jambon de pays**
2 tranches de **lard**
2 **œufs**
3 **carottes**
150 g de **vert de blette** ou d'**épinards**
150 g de **mie de pain** trempée dans un verre de lait
2 **oignons**
2 gousses d'**ail**
2 c. à s. d'**huile d'olive**
1 botte de **persil**
thym
sel et **poivre**

Ébouillantez le vert de blette 30 secondes et égouttez-le. Faites revenir les oignons et l'ail hachés dans 2 cuillerées à soupe d'huile, ajoutez la chair à saucisse, la viande et le jambon hachés et faites rissoler pendant quelques minutes.

Hors du feu, ajoutez le persil et le vert de blette hachés, la mie de pain trempée et essorée, les œufs, le thym émietté, un peu de sel et du poivre. Mélangez bien pour que la farce soit parfaitement homogène.

Ôtez les premières feuilles du chou et plongez-les 30 secondes dans une grande casserole d'eau bouillante salée. Récupérez-les à l'aide d'une écumoire, passez-les sous l'eau froide et égouttez-les. Plongez ensuite le chou et laissez-le cuire 6 minutes. Égouttez-les et passez-le sous l'eau froide, puis égouttez-le à nouveau. Écartez délicatement les feuilles pour pouvoir mettre la farce. Entourez le cœur du chou d'une couche de farce, rabattez quelques feuilles, recommencez en disposant un peu de farce autour du cœur, recouvrez avec les nouvelles feuilles qui se présentent au fur et à mesure et terminez par les plus grandes feuilles. Ficelez le tout comme une grosse paupiette.

Tapissez le fond d'une grande cocotte de fines tranches de lard, posez le chou farci par-dessus et entourez-le de grosses rondelles de carotte. Fermez la cocotte et faites cuire à feu doux ou, mieux, dans le four à 160 °C (th. 5) pendant 2 heures : le chou doit être doré.

fricassée de cèpes

Pour **6 personnes**
Préparation **15 minutes**
Cuisson **10 minutes**

1 kg de **cèpes**
2 gousses d'**ail**
6 brins de **persil**
6 c. à s. d'**huile d'olive**
sel et **poivre**

Ôtez le bout terreux des cèpes et éventuellement leurs parties véreuses ; après quoi, nettoyez-les en les frottant avec du papier absorbant. Évitez autant que possible de les laver. Séparez les têtes des pieds et émincez-les en lamelles.

Faites chauffer la moitié de l'huile dans une sauteuse et jetez-y les cèpes. Laissez cuire 3 à 4 minutes environ, en remuant délicatement pour ne pas les écraser. Au moment où ils commencent à rendre leur eau, égouttez-les.

Hachez finement le persil et l'ail. Faites chauffer dans la poêle le reste d'huile et lorsqu'elle est bien chaude, remettez-y les cèpes avec le hachis d'ail et de persil. Salez et poivrez. Laissez cuire encore quelques minutes et servez aussitôt.

navets glacés

Pour **6 personnes**
Préparation **15 minutes**
Cuisson **35 minutes**

1,5 kg de **navets nouveaux**
2 c. à s. de **sucre en poudre** ou de **miel doux**
50 g de **beurre**
sel et **poivre**

Brossez les navets sous l'eau fraîche et ne conservez que 2 cm de fane. Faites mousser le beurre dans une sauteuse. Jetez-y les navets, remuez-les en tout sens, puis ajoutez le miel. Salez, poivrez et remuez à nouveau. Couvrez et poursuivez la cuisson à feu doux jusqu'à ce que les navets soient bien caramélisés et cuits à point.

Servez bien chaud en accompagnement d'une volaille rôtie, plus particulièrement du canard. En hiver, remplacez les jeunes navets par des rutabagas.

ratatouille

Pour **6 personnes**
Préparation **30 minutes**
Cuisson **1 h 15**

1 kg de **tomates**
2 **aubergines**
4 **courgettes** bien fermes
1 **poivron rouge**
1 **poivron vert**
2 **oignons**
1 gousse d'**ail**
4 c. à s. d'**huile d'olive**
thym, **romarin**
sel et **poivre**

Émincez les oignons et hachez très finement l'ail après en avoir ôté le germe. Faites chauffer l'huile dans une cocotte et faites-y revenir l'ail et les oignons. Coupez les aubergines en petits cubes et versez-les dans la cocotte. Lorsqu'elles sont bien dorées, ajoutez les poivrons épépinés, coupés en lanières. Assaisonnez avec le thym et le romarin, du sel et du poivre. Pelez et épépinez les tomates.

Au bout de 20 minutes, ajoutez les courgettes coupées en rondelles et les tomates concassées. Mélangez bien et poursuivez la cuisson jusqu'à ce que les légumes aient rendu leur eau et soient confits. Avant de servir, ôtez les herbes aromatiques. Délicieuse également froide, la ratatouille peut servir à garnir une omelette ou une tarte.

tian de courgettes

Pour **6 personnes**
Préparation **20 minutes**
Cuisson **1 h 10**

5 petites **courgettes**
200 g de **riz rond**
2 gousses d'**ail**
50 cl de **bouillon de légumes**
3 **œufs**
20 cl de **crème fleurette**
125 g de **parmesan** râpé
3 c. à s. d'**huile d'olive**
4 feuilles de **sauge**
noix de muscade
sel et **poivre**

Épluchez les courgettes en conservant une lanière de peau sur deux et coupez-les en rondelles. Écrasez les gousses d'ail dégermées avec le plat d'un couteau. Faites fondre l'huile d'olive à feu doux dans une grande sauteuse et jetez-y l'ail et le riz. Avec une spatule en bois, remuez en tout sens afin que tous les grains de riz soient enduits de matière grasse. Dès qu'ils sont devenus translucides, ajoutez les courgettes et les feuilles de sauge. Salez et couvrez pour leur laisser rendre leur eau de végétation. Remuez de temps à autre pour s'assurer que le fond n'attache pas.

Au bout de 15 minutes environ, versez le bouillon dans la sauteuse et poursuivez la cuisson pendant 20 minutes jusqu'à ce que tout le liquide ait été absorbé. Ôtez du feu.

Préchauffez le four à 200 °C (th. 7). Dans une terrine, battez les œufs en omelette avec la crème fleurette, du sel, du poivre et de la noix de muscade, puis ajoutez le contenu de la sauteuse. Étalez cette préparation dans un plat à gratin en terre vernissée et saupoudrez de parmesan. Faites glisser dans le four chaud pendant 30 minutes jusqu'à ce qu'une belle croûte dorée se forme.

On nomme « tian » le plat en terre vernissée, typiquement provençal, dans lequel on fait cuire les gratins, mais tout plat allant au four peut faire l'affaire.

Vous pouvez remplacer la sauge par du romarin ou de la marjolaine et le parmesan par du gruyère râpé.

petits pois à la française

Pour **6 personnes**
Préparation **50 minutes**
Cuisson **25 minutes**

2 kg de **petits pois** frais en cosses
3 **laitues**
une vingtaine de petits **oignons nouveaux**
1 branche d'**estragon**
1 c. à s. de **sucre**
60 g de **beurre**
sel et **poivre**

Écossez les petits pois. Épluchez les petits oignons et les laitues en éliminant les feuilles trop vertes (réservez-les pour une salade) et en ne conservant que les plus tendres. Faites fondre le beurre dans une sauteuse et mettez-y les petits oignons et les laitues. Couvrez et laissez suer à feu très doux pendant 5 minutes.

Ajoutez les petits pois, l'estragon et le sucre, salez et mouillez avec 1 grand verre d'eau. Couvrez et laissez mijoter pendant 20 minutes en imprimant un geste circulaire à la sauteuse.

Au moment de servir, vérifiez que le jus n'est pas trop abondant et, le cas échéant, augmentez le feu pour le faire réduire légèrement. Servez aussitôt. Vous pouvez ajouter, en même temps que les petits oignons et avant les petits pois, des rondelles ou des cubes de carotte, de navet et de pomme de terre.

tomates farcies

Pour **6 personnes**
Préparation **40 minutes**
Cuisson **1 heure**

6 grosses **tomates** bien fermes
600 g de **restes de viande rôtie** (volaille, porc, veau ou bœuf)
150 g de **poitrine fumée** ou de **jambon cru**
4 **échalotes**
150 g de **mie de pain**
1 **œuf**
4 branches de **persil plat**
4 c. à s. d'**huile d'olive**
sel et **poivre**

Décalottez les tomates du côté du pédoncule aux ¾ de leur hauteur. Creusez-les en recueillant la pulpe au-dessus d'un chinois afin de laisser passer l'eau de végétation sans les pépins. Triez soigneusement la chair des tomates et réservez-la. Salez les tomates à l'intérieur.

Hachez tous les restes de viande ainsi que le persil. Chauffez la moitié de l'huile d'olive dans une sauteuse et faites-y blondir les échalotes ciselées. Ajoutez la viande et le persil et remuez bien jusqu'à ce que les bouts de viande soient légèrement dorés. Ajoutez la chair des tomates concassées, salez et poivrez.

Dans une terrine, faites gonfler la mie de pain dans le jus de tomate et versez-y le contenu de la sauteuse. Ajoutez l'œuf et mêlez intimement tous ces ingrédients.

Préchauffez le four à 180 °C (th. 6). Farcissez les tomates avec la préparation, remettez en place leur petit chapeau et rangez-les dans un plat allant au four. Versez 1 verre d'eau au fond du plat et nappez le dessus d'huile d'olive restante. Laissez cuire dans le four chaud pendant 45 minutes en veillant toujours à ce que le jus de cuisson ne brûle pas. Servez chaud avec du riz ou des coquillettes ou tiède.

épinards à la crème

Pour **6 personnes**
Préparation **45 minutes**
Cuisson **35 minutes**

2 kg d'**épinards frais**
15 cl de **crème épaisse**

Béchamel
20 g de **farine**
20 g de **beurre**
1 verre de **lait**
noix de muscade
sel et **poivre**

Lavez et épluchez les épinards. Rincez-les à grande eau et essorez-les à fond. Coupez-les en chiffonnade et mettez-les dans une grande casserole autant qu'elle peut en contenir, en rajoutant des épinards dès qu'ils ont un peu réduit. Lorsqu'ils se sont tous tassés, poursuivez la cuisson à feu doux jusqu'à ce que toute leur eau soit évaporée.

Pendant ce temps, confectionnez une béchamel avec la farine, le beurre et le lait (voir page 13). Assaisonnez de sel, de poivre et de noix de muscade.

Réunissez dans la casserole contenant les épinards la sauce et la crème, faites légèrement épaissir et servez aussitôt.

desserts

far aux pruneaux

Pour **6 personnes**
Préparation **10 minutes**
Cuisson **40 minutes**

100 g de **farine**
4 **œufs**
30 cl de **lait**
100 g de **sucre**
200 g de **pruneaux**
1 petit verre de **rhum**
60 g de **beurre**
1 pincée de **sel**

plat à gratin

Dénoyautez les pruneaux et faites-les tremper dans le rhum.

Préchauffez le four à 180 °C (th. 6). Mélangez les œufs et le sucre. Ajoutez petit à petit la farine et le sel, puis délayez avec le lait jusqu'à l'obtention d'une pâte lisse.

Beurrez un moule en terre allant au four. Égouttez les pruneaux et répartissez-les dans le plat. Versez la pâte, déposez ici et là des petites noisettes de beurre et glissez dans le four chaud pendant 40 minutes environ. Le gâteau dore et gonfle puis retombe en refroidissant.

Dégustez à température ambiante.

Vous pouvez aussi faire gonfler les pruneaux dans du thé ou de l'eau de fleur d'oranger.

charlotte aux fraises

Pour **6 personnes**
Préparation **30 minutes**
Réfrigération **12 heures**

30 **biscuits à la cuiller**
400 g de **fraises**
40 cl de **crème fleurette**
2 sachets de **sucre vanillé**
5 feuilles de **gélatine**
10 cl de **liqueur de framboise**

moule à charlotte

Versez la liqueur dans une coupelle ou une assiette creuse et ajoutez 3 cuillerées à soupe d'eau. Trempez un à un les biscuits dans le liquide, côté opposé au sucre glace, et tapissez-en le fond et le bord d'un moule à charlotte, en prenant soin de placer la partie imbibée à l'intérieur du moule.

Lavez, égouttez les fraises et coupez-les en morceaux si elles sont grosses. Faites gonfler la gélatine dans 1 verre d'eau froide pendant 5 minutes. Mélangez le sucre vanillé à 4 cuillerées à soupe d'eau bouillante et dissolvez-y la gélatine. Laissez tiédir.

Montez la crème fleurette en chantilly et lorsqu'elle est bien ferme, ajoutez la gélatine. Remplissez la cavité centrale de couches alternées de crème fouettée, de fraises et de biscuits. Terminez par une couche de biscuits, la partie plate à l'extérieur cette fois-ci. Tassez la préparation, recouvrez avec une assiette plate, mettez un poids et placez pendant une nuit au réfrigérateur.

Démoulez sur un plat et servez avec du coulis de framboise.

Pour obtenir une charlotte impeccable, apportez un soin tout particulier à l'agencement des biscuits de la rosace et au lieu d'imbiber ceux-ci avec de la liqueur, collez-les entre eux avec du blanc d'œuf.

gâteau basque

Pour **6 personnes**
Préparation **30 minutes**
Repos **1 heure**
Cuisson **40 minutes**

Pâte
300 g de **farine**
200 g de **sucre**
2 **jaunes d'œufs** + 1 **œuf**
200 g de **beurre**
1 **citron**
1 pincée de **sel**
1 **jaune d'œuf** pour la dorure

Crème pâtissière
25 g de **farine**
25 cl de **lait**
2 **jaunes d'œufs**
50 g de **sucre**
2 c. à s. de **rhum**

moule à manqué

Mélangez sans trop travailler la farine avec les œufs, le sucre, le sel, le beurre mou et le zeste du citron finement râpé. Laissez reposer 1 heure.

Pendant ce temps, préparez la crème pâtissière. Faites bouillir le lait. Dans une terrine, mélangez les jaunes d'œufs avec la farine et le sucre. Versez le lait chaud en fouettant la préparation, reversez dans la casserole et portez doucement à ébullition, sans cesser de tourner. Laissez épaissir pendant quelques minutes en vérifiant que le fond n'attache pas. Ôtez du feu, laissez refroidir et parfumez la crème avec le rhum.

Préchauffez le four à 180 ° (th. 6). Étalez les ⅔ de la pâte dans un moule à manqué beurré. Versez par-dessus la crème pâtissière – en faisant attention de s'arrêter à 1 cm du bord – et recouvrez avec le reste de pâte. Dorez la surface avec 1 jaune d'œuf, dessinez-y des arabesques avec la pointe d'un couteau et glissez le moule dans le four chaud pendant 40 minutes.

Vous pouvez remplacer la crème pâtissière par de la confiture de cerises noires d'Itxassou, une variété du Pays basque.

baba au rhum

Pour **6 personnes**
Préparation **45 minutes**
Repos **1 heure**
Cuisson **30 minutes**

Pâte
250 g de **farine**
20 g de **levure de boulanger** (ou un sachet de levure déshydratée)
15 cl de **lait**
4 **œufs**
½ c. à c. de **sel**
1 c. à s. de **sucre en poudre**
125 g de **beurre**

Sirop
¾ de litre d'**eau**
400 g de **sucre en poudre**
15 cl de **rhum**

Garniture
25 cl de **crème fleurette**
2 sachets de **sucre vanillé**

moule à savarin

Préparez la pâte : émiettez la levure dans le lait tiède. Versez la farine dans une terrine et creusez-y une fontaine. Mettez au centre le sel, le sucre, les œufs et la levure délayée dans le lait. Mélangez bien. Lorsque la pâte est homogène, incorporez le beurre mou. Pétrissez à la main en soulevant la pâte jusqu'à ce qu'elle devienne moins collante, mais lisse et élastique. Rien ne vous empêche de vous servir d'un batteur mécanique muni de crochets.

Beurrez largement un moule à savarin de 26 cm de diamètre. Versez-y la pâte qui doit le remplir à moitié, et faites lever 1 heure environ dans un endroit tiède – ce temps écoulé, le moule doit être presque plein.

Préchauffez le four à 160 °C (th. 5-6) et glissez-y le moule pendant 20 minutes environ. Démoulez sur une grille.

Confectionnez le sirop en faisant bouillir l'eau et le sucre pendant 5 minutes, puis en ajoutant le rhum hors du feu. Arrosez le gâteau tiède de sirop chaud en renouvelant l'opération à plusieurs reprises, jusqu'à ce que le baba soit complètement imbibé. Laissez refroidir et placez au frais jusqu'au moment de servir.

Montez la crème fleurette bien froide en chantilly en ajoutant à la fin les 2 sachets de sucre vanillé. Remplissez la cavité centrale du baba de crème fouettée et servez sans attendre.

La pâte doit être pétrie suffisamment longtemps (15 minutes) pour « briser » la levure et lui enlever son goût acide. Le sirop étant lui-même très sucré, ne sucrez pas obligatoirement la chantilly.

fondant au chocolat

Pour **6 personnes**
Préparation **10 minutes**
Cuisson **40 minutes**

200 g de **chocolat amer**
200 g de **beurre**
4 **œufs**
130 g de **sucre en poudre**
1 c. à s. bombée de **farine**

moule à manqué

Préchauffez le four à 150 °C (th. 4-5). Beurrez un moule à manqué, tapissez-le de papier sulfurisé et beurrez-le de nouveau.

Faites fondre le chocolat – râpé ou fragmenté en carrés – au bain-marie ou au micro-ondes avec éventuellement un peu d'eau. Ajoutez le beurre coupé en petits morceaux et remuez jusqu'à ce qu'il soit fondu, puis, dans l'ordre et en mélangeant bien entre chaque ajout, le sucre, la farine et les œufs. Versez la pâte dans le moule et faites cuire le gâteau 40 minutes environ dans le four chaud. Laissez refroidir. Démoulez et ôtez le papier.

Utilisez un chocolat de bonne qualité, amer mais pas trop. Évitez, lorsque vous faites fondre le chocolat, de le faire brûler sur un feu trop chaud – ce qui aurait pour effet de détruire sa texture fondante et son arôme.

Le four ne doit pas être trop chaud afin que le gâteau ne se dessèche pas pendant la cuisson.

petits sablés de Caen

Pour **30 sablés environ**
Préparation **15 minutes**
Réfrigération **1 heure**
Cuisson **6 à 7 minutes**

3 **œufs**
250 g de **beurre**
250 g de **farine**
150 g de **sucre en poudre**
1 **citron** non traité
1 pincée de **sel**

Faites durcir les œufs dans de l'eau bouillante pendant 10 minutes et laissez refroidir. Après les avoir écalés, séparez les blancs des jaunes et écrasez ces derniers à la fourchette.

Travaillez la farine avec le sucre, le beurre mou, les jaunes d'œufs et le zeste finement râpé du citron. Laissez reposer 1 heure au frais.

Préchauffez le four à 180 °C (th. 6).

Étalez la pâte sur une épaisseur de 0,5 cm et, à l'aide d'un emporte-pièce ou d'un petit verre, découpez des disques dedans. Rangez-les sur la plaque de four beurrée et farinée, et laissez cuire 6 à 7 minutes dans le four, sans laisser prendre couleur. Démoulez sur une grille.

macarons de Nancy

Pour **une trentaine de macarons**
Préparation **10 minutes**
Cuisson **20 à 30 minutes**
Réfrigération **3 heures**

200 g de **poudre d'amandes**
200 g de **sucre en poudre**
2 blancs d'**œufs**
2 c. à s. de **miel doux**
quelques gouttes d'essence d'**amande amère**

Mélangez soigneusement tous les ingrédients dans une terrine et laissez reposer 3 heures au frais.

Préchauffez le four à 120 °C (th. 4). Formez à l'aide d'une cuillère en bois des petits ronds de pâte sur une plaque recouverte de papier sulfurisé beurré et glissez-la dans le four chaud. Faites cuire 20 à 30 minutes jusqu'à ce que les macarons soient blonds. Laissez refroidir et décollez du papier.

Conservez les macarons dans une boîte hermétique pour qu'ils restent moelleux.

rochers à la noix de coco

Remplacez la poudre d'amandes par de la noix de coco râpée puis suivez la recette ci-dessus.

cannelés

Pour **6 à 8 cannelés**
Préparation **10 minutes**
Rérigération **1 heure**
Cuisson **1 heure**

50 cl de **lait**
2 **œufs** + 2 **jaunes d'œufs**
100 g de **farine**
250 g de **sucre en poudre**
50 g de **beurre**
+ 50 g pour les moules
1 c. à s. de **rhum**
½ gousse de **vanille**
1 pincée de **sel**

moules à cannelé

Faites bouillir le lait avec la vanille et le beurre.

Pendant ce temps, mélangez la farine, le sucre puis incorporez les œufs en une seule fois. Versez ensuite le lait bouillant jusqu'à l'obtention d'une pâte lisse et fluide. Laissez-la refroidir puis ajoutez le rhum ; filtrez la préparation afin de récupérer la gousse de vanille et placez pendant 1 heure au réfrigérateur.

Préchauffez le four à 180 °C (th. 6). Versez la pâte bien froide dans les moules généreusement beurrés en ne les remplissant qu'à moitié. Posez-les sur la plaque de four et faites cuire à four chaud pendant 1 heure. Les cannelés doivent avoir une croûte caramélisée et être moelleux à l'intérieur. Démoulez encore chaud.

La cuisson des cannelés est délicate : tout d'abord, veillez à beurrer minutieusement les moules, si possible à l'aide d'un pinceau. S'ils débordent, baissez le thermostat du four.

Si vous ne possédez pas de moules à cannelé, vous pouvez éventuellement vous servir de petits ramequins ou de moules à dariole (flans), mais le résultat sera sensiblement différent.

crêpes Suzette

Pour **6 personnes**
Préparation **20 minutes**
Cuisson **40 minutes**
Repos **2 heures**

Pâte à crêpes
3 **œufs**
200 g de **farine**
45 cl de **lait**
60 g de **beurre**
60 g de **sucre en poudre**
le **zeste** râpé
de ½ **orange**
1 pincée de **sel**

Garniture
150 g de **beurre**
150 g de **sucre glace**
le **zeste** râpé
de ½ **orange**
3 c. à s. de **Cointreau**
1 c. à s. de **sucre en poudre**

Préparez la pâte à crêpes : dans une terrine, mélangez la farine avec les œufs battus et le sel. Ajoutez le sucre et 10 cl de lait. Mélangez bien pour éviter la formation de grumeaux. Versez petit à petit le reste du lait, le beurre fondu et le zeste d'orange. Laissez reposer 2 heures au frais.

Faites cuire les crêpes dans une poêle à revêtement antiadhésif, sans utiliser de matières grasses pour la cuisson : avec un peu d'habileté, on réussit à faire des crêpes très fines. Empilez les crêpes au fur et à mesure sous un papier d'aluminium pour les garder souples.

Préparez la crème à l'orange : incorporez le sucre glace au beurre ramolli et parfumez à la liqueur et au zeste d'orange. Étalez une mince couche de crème à l'orange sur chaque crêpe. Pliez-les en quatre et rangez-les en éventail dans un plat supportant le passage au four. Recouvrez d'aluminium ménager. Dix minutes avant de servir, ôtez le papier d'aluminium et faites réchauffer le plat à four doux (150 °C – th. 4-5). Sur la table, saupoudrez les crêpes de sucre, versez la liqueur tiédie (30 °C), enflammez et arrosez le plat avec une cuillère jusqu'à ce que les flammes s'éteignent.

Pour réussir des crêpes bien moelleuses, faites-les cuire à feu assez vif. Si vous n'avez pas de poêle à revêtement antiadhésif, graissez le fond de votre poêle avec un tampon de papier absorbant imprégné de beurre fondu.

Vous pouvez remplacer le Cointreau par du Grand Marnier ou du curaçao.

tarte des demoiselles Tatin

Pour **6 personnes**
Préparation **20 minutes**
Cuisson **50 minutes**

8 **pommes reine des reinettes**
250 g de **pâte brisée**
150 g de **beurre**
100 g de **sucre en poudre**
12 morceaux de **sucre**
1 c. à c. de **cannelle**

moule à manqué

Faites un caramel avec les morceaux de sucre et ½ verre d'eau. Lorsqu'il a pris une jolie couleur, coulez-le dans le fond d'un moule à manqué en métal.

Épluchez les pommes, coupez-les en quartiers et disposez ceux-ci serrés au fond du moule sur le caramel. Mettez le moule sur feu doux et laissez cuire pendant 15 minutes. Ôtez du feu, saupoudrez de cannelle et de sucre en poudre.

Préchauffez le four à 180 °C (th. 6).

Étalez la pâte en lui donnant la forme d'un cercle d'une dimension supérieure à celle du moule, posez-la sur les pommes et rentrez délicatement les bords à l'intérieur. Faites cuire au four pendant 30 minutes.

Ôtez du four, retournez la tarte aussitôt sur le plat de service et laissez tiédir.

Si vous aimez le caramel croquant, vous pouvez préparer un second caramel avec 12 morceaux de sucre que vous verserez sur la tarte avant de la servir.

galette des Rois

Pour **6 personnes**
Préparation **30 minutes**
Cuisson **30 minutes**

400 g de **pâte feuilletée**
1 **œuf**
50 g de **sucre glace**
50 g de **poudre d'amandes**
50 g de **beurre**
1 c. à s. de **farine**
1 c. à s. de **rhum**
quelques gouttes **d'essence d'amande amère**

Dorure
1 **jaune d'œuf** délayé dans 2 c. à s. de **lait**
sucre glace

fève

Travaillez le beurre au fouet pour l'assouplir jusqu'à ce qu'il ait la consistance d'une pommade. Ajoutez dans l'ordre le sucre glace, la poudre d'amandes, la farine et l'œuf. La crème doit être onctueuse et légère. Parfumez avec le rhum et l'essence d'amande et réservez.

Préchauffez le four à 210 °C (th. 7). Divisez la pâte feuilletée en 2 parties égales. Étalez une moitié sur un plan fariné, découpez-y un cercle de 25 cm de diamètre environ et posez-le sur la plaque de four. Répartissez dessus la crème d'amandes jusqu'à 2 cm du bord, placez la fève et badigeonnez le pourtour avec un peu de dorure. Étendez la seconde moitié de pâte, découpez un cercle de même dimension et posez-le précautionneusement sur la première. Pressez bien les bords pour qu'ils adhèrent parfaitement à l'aide d'une fourchette. Badigeonnez la galette avec le reste de dorure et dessinez, en partant du centre, des arcs de cercle avec la pointe d'un couteau.

Posez la plaque dans le four chaud et laissez cuire 10 minutes, puis baissez la température à 180 °C (th. 6) et poursuivez pendant 20 minutes. Cinq minutes avant la fin de la cuisson, saupoudrez la galette de sucre glace et remettez-la dans le four jusqu'à ce que le sucre glace fonde et donne un aspect brillant à la pâte feuilletée. Sortez la galette et laissez tiédir 15 minutes avant de servir.

Une erreur que l'on commet souvent dans le feu de l'action, c'est d'oublier de glisser la fève à l'intérieur de la galette !

crème brûlée

Pour **6 personnes**
Préparation **15 minutes**
Cuisson **40 minutes**

2 **œufs**
8 **jaunes d'œufs**
160 g de **sucre en poudre**
1 c. à c. de **vanille liquide** ou **en poudre**
80 cl de **crème fleurette**
75 g de **cassonade**

plat à gratin ou **ramequins**

Préchauffez le four à 130 °C (th. 3-4). Mélangez les œufs entiers, les jaunes, le sucre et la vanille soigneusement, mais sans battre afin de ne pas faire mousser le mélange. Ajoutez progressivement la crème fleurette. Versez la préparation dans un plat à gratin ou des petits ramequins individuels et faites cuire à four doux pendant 40 minutes environ.

Laissez refroidir dans le four entrouvert. Placez au frais et laissez reposer toute une nuit de préférence.

Une heure avant de servir, préchauffez le gril du four et saupoudrez la crème froide de cassonade. Placez le plat sur la grille placée au cran le plus haut. Laissez la cassonade fondre puis caraméliser en surveillant constamment. Ôtez du four dès que le caramel est roux, laissez en attente à température ambiante et placez au frais juste 30 minutes avant de servir. Vous pouvez aussi faire caraméliser la crème juste avant de la servir pour avoir un contraste de températures entre la crème bien froide et le caramel chaud.

La crème brûlée peut s'aromatiser avec toutes sortes de parfums : zeste de citron, extrait de café, liqueur, essence d'amande…

crumble aux pommes

Pour **6 personnes**
Préparation **15 minutes**
Cuisson **50 minutes**

6 à 7 **pommes** « belle de Boskoop » ou canada grise
50 g de **beurre**

Miettes
220 g de **farine**
200 g de **sucre**
200 g de **beurre salé**

plat à gratin

Épluchez les pommes et coupez-les en morceaux. Faites-les revenir dans le beurre.

Préchauffez le four à 180 °C (th. 6).

Confectionnez les miettes : mélangez le sucre, le beurre et la farine jusqu'à l'obtention d'une pâte sableuse. Répartissez une fine couche de ces miettes au fond d'un plat à gratin, recouvrez des pommes sautées et finissez en saupoudrant le reste des miettes.

Laissez cuire 40 à 50 minutes jusqu'à ce que le dessus soit bien caramélisé.

Confectionnez la pâte du crumble à la main et non au moyen d'un robot, qui a tendance à écraser les différents ingrédients. Si vous avez le temps, laissez reposer un peu la pâte au frais avant de l'émietter sur les fruits.

annexe

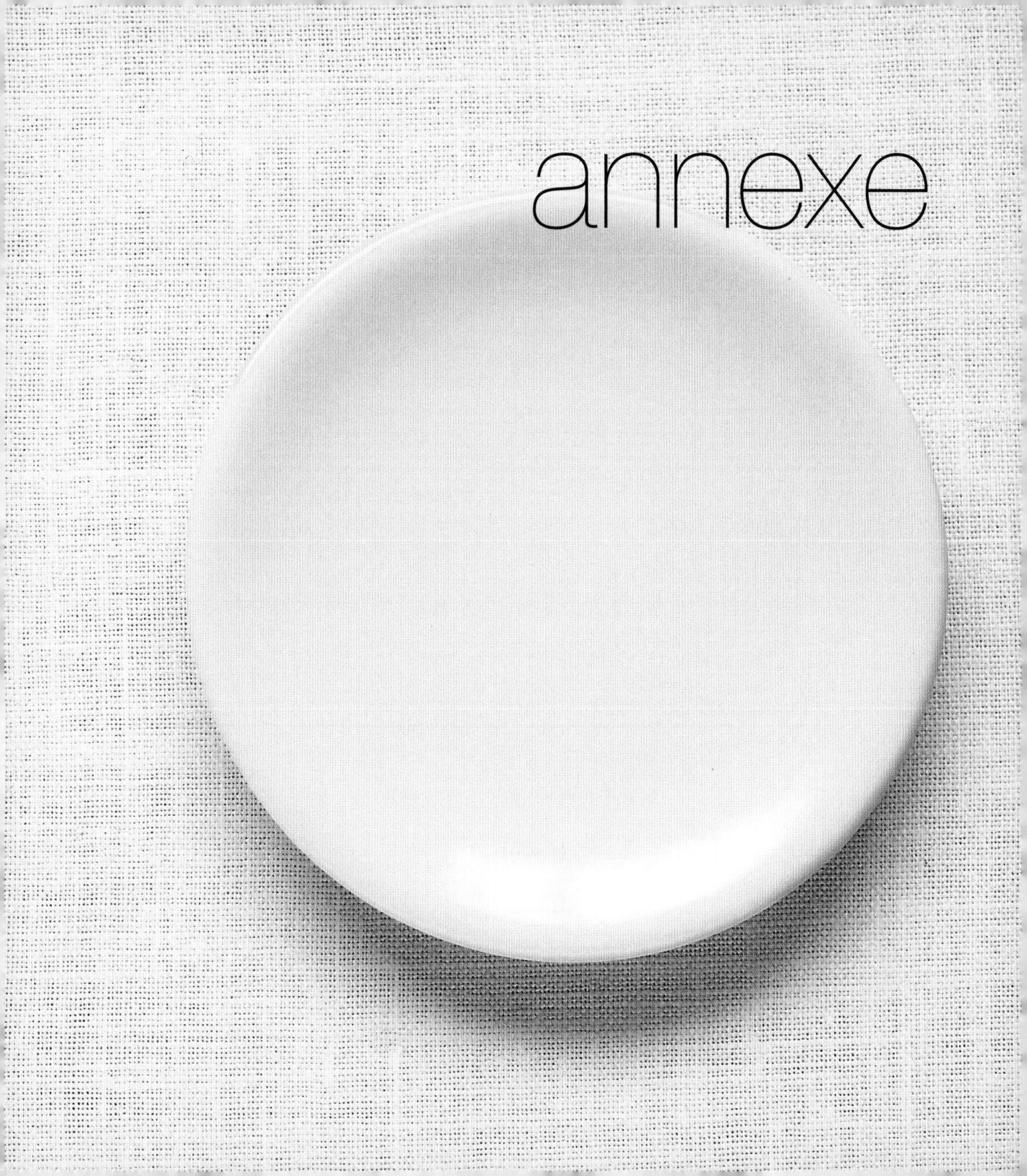

table des recettes

soupes & salades

terrines

tartes & quiches

viandes & volailles

poissons & coquillages

pâtes & pommes de terre

légumes

desserts

découvrez toute la collection
MA PETITE CUISINE MARABOUT

5 ingrédients seulement

100 gâteaux et desserts
100 recettes italiennes
100 recettes light
100 recettes végétariennes

simple essentiel bon

200 recettes spéciales régime 5:2
200 petits plats chinois
100 recettes tradition
100 gâteaux & desserts de Mamie
100 super mugcakes
200 super cupcakes
100 super macarons
200 recettes comme à New York
200 recettes au wok
200 recettes sans gluten
200 super smoothies
200 super cocktails
200 recettes pour l'apéro
200 recettes au chocolat
200 recettes à moins de 5 euros
200 recettes prêtes en moins de 20 minutes